원리를 깨우치는 영문법

지은이 이동현(Jason)
펴낸이 임상진
펴낸곳 (주)넥서스

초판 1쇄 발행 2024년 3월 25일
초판 4쇄 발행 2024년 5월 2일

출판신고 1992년 4월 3일 제311-2002-2호
10880 경기도 파주시 지목로 5
Tel (02)330-5500 Fax (02)330-5555

ISBN 979-11-6683-664-0 13740

www.nexusbook.com

To Can That

품사부터
문장 구조까지
원어민의
사고 방식으로
정복하는
기초 영문법!

이동현 (Jason)
지음

원리를 깨우치는 영문법

딱 한 권으로 암기 없이
영문법 완성하기

넥서스

머리말

이 책의 탄생 배경

저는 한국에서 암기식 영어를 매우 열심히 공부한 후에 미국 유학 길에 올랐습니다. 하지만 암기식으로 배운 영어는 미국 현지에서 쓰는 영어와 많이 달라, 현지에서 처음부터 영어 공부를 다시 시작하게 되었습니다.

미국 대학원 시절, 여러 교수님들과 미국 친구들로부터 영어에 대한 감을 새로 배우기 시작했습니다. 전공 과목을 공부한다기보다는 영어를 공부한다는 느낌이 들 정도였습니다. 원어민과의 의사소통이 어느 정도 명확히 될 때쯤, 한국에서 가져온 영문법 책을 우연히 펼쳐 보게 되었습니다. 현실 영어와 너무 동떨어진 문법 설명을 보고 정말 놀랐습니다. 그런데 한국에서는 여전히 이렇게 영어를 배우고 있었죠.

그래서 그때부터 우리가 잘못 배웠던 영문법을 하나하나씩 분석해가며 정리하기 시작했습니다. 거리에서나 쇼핑할 때, 직장에서나 TV를 볼 때도 사람들이 말하는 것을 유심히 관찰하며 그 쓰임이 어떤 의미를 갖는지를 메모했습니다.

to부정사, 5형식 문장, 현재 완료, 관계대명사 등은 원리로 생각해 보면 쉽게 될 것인데, 한국에서 그동안 얼마나 힘들게 배웠는지 다시 돌아보게 되었습니다.

저는 한국에서 10년 넘게 영어를 공부했고, 미국에서 13년, 다시 한국에서 10년 이상 학생들에게 영어를 가르치고 있습니다. 그동안의 저의 경험이 고스란히 녹아 있는 이 책으로 여러분이 좀 더 쉽게 영어의 본질에 들어갈 수 있음을 확신합니다.

이 책의 특징

이 책은 많은 사람들이 소홀히하는 작은 부분들에서 출발합니다. 즉, 기본을 중요하게 생각합니다. 예를 들어, to부정사에서는 to가 어떤 의미인지, 현재 완료는 어떤 역할을 하는지, 3인칭 단수 일반동사에는 왜 s가 붙는지 등 근본적인 개념에 대해 먼저 설명합니다. 조동사 다음에 동사원형이 나오는 것이 중요한 것이 아니라, 어느 상황에서 어떤 조동사를 써야 하느냐를 먼저 설명합니다. 또한 어려운 문법 용어 때문에 영어에 쉽게 다가가지 못하는 학습자들을 위해 최대한 이해하기 쉽게 풀어서 설명했습니다.

이런 노력을 통해 여러분이 영문법을 공부하는 데에 도움이 되기를 바랍니다.

저자 이동현(Jason)

<원리를 깨우치는 영문법>을
✦ 먼저 경험한 분들의 후기 ✦

그동안 유튜브 멤버십으로 듣다가 현장에서 직접 듣고 싶어서 수업 신청을 했습니다. 유튜브가 다가 아니었고 깨알 같은 팁들이 있어서 너무 좋았습니다. 관계대명사에 대한 통쾌한 설명은 듣도 보도 못한 설명이었습니다. 중학교 때 to부정사를 포함해서 많은 문법 용어들이 어려워 영어에 손을 놓았는데, 그때 선생님을 만났다면 서울대에 가지 않았을까 하는 생각이 듭니다. 왠지 나만 알고 싶은 이 공부법, 최고예요. ^^

늘 고민이었던 영문법에 도움을 받을 수 있을까 고민하다가 만난 수업입니다. 수업이 시작되고 to부정사에 대한 설명에 '아! 이거구나!' 하는 생각이 들었습니다. '조동사의 과거형은 과거형이 아니다.'라는 부분도 이해가 되고 공감할 수 있는 부분이었어요. 우리나라 사람들이 가장 힘들어 하는 형용사와 부사를 구별하는 부분에서는 선생님의 노고에 새삼 고마움을 느꼈습니다. 좀 더 다른 시각으로 영어를 바라봐야 하는 숙제가 생겼습니다. 영문법 책이나 심지어 대학 교재를 봐도 다 거기서 거기를 못 벗어나는데 영문법의 새로운 장이 열린 것 같습니다.

이번 수업을 통해 문법의 핵심에 대해서 많이 이해가 되었습니다. 기본 개념만 제대로 알면 다른 영역으로까지 다 확장이 되면서 이해의 폭이 한층 더 넓어진다고나 할까요. 단순하게 지나친 전치사의 개념에서 시작해서 단순 암기가 아닌 이해를 통해 오래 기억에 남는 영문법을 가르쳐 주신 것 같습니다.

우선 제가 이 강의를 신청하게 된 이유는 문법을 시작하는 아이들의 연령이 점점 낮아지고 있기 때문입니다. 어린 친구들에게 한자어로 된 어려운 영문법 용어 자체가 이미 문법에 대한 선입견을 심어 주고, 근본적으로도 영문법을 배워 문장을 해석하고 쓸 수 있는 능력도 기를 수 없게 되더라고요. 그런데 이번 강의를 통해 깨달은 바는 'Keep it simple.'입니다. 영어는 전치사와 같은 장치를 통해 직관적으로 표현할 수 있도록 만들어졌다는 점을 배울 수 있어서 좋았습니다.

동영상 강의 들으면서 '나도 처음 문법을 배울 때 이렇게 쉽고 재미있게 배웠더라면 좋았을 텐데…'라는 생각이 계속 들었습니다. 그 동안 중요하게 다루지 않았던 전치사에 대한 근본적인 개념과 느낌을 가지게 되니 그냥 외우기만 했던 숙어와 to부정사 용법 등이 외우지 않아도 이해가 되네요! 개념과 원리를 안다는 건 정말 중요하고 큰 차이를 만드는 것 같아요. 이런 강의를 듣게 된 건 저에게 행운인 것 같습니다. 오래 전부터 찾던 것에 대한 속 시원한 답을 얻은 느낌입니다.

어릴 때부터 영문법은 그저 무조건 외워야 하는 파트로 인식되었습니다. 묻지도 따지지도 말고 그냥 외우라고 요구받을 때도 많았고요. 학생의 눈높이에서 쉽게 접근하는 방법을 끊임없이 연구하시는 선생님을 보면서 다시금 마음을 다잡아 보는 시간이었습니다!

저는 영어도 못하지만 어설프게 영어에 매달린 지 수십 년은 되었습니다. 별의별 방법을 다 써 봤지만 결국은 돈 낭비였어요. 그러다가 만난 '윈깨비 영어'는 신세계였고, 저처럼 영어 문외한도 유튜브 강의가 이해됩니다. 원리를 깨우치니 문장이 쉽게 기억됩니다. 늘 고맙고 감사합니다. 선생님을 만난 건 제게 최고의 행운입니다. ^^

정말 감사하다는 인사를 드리고 싶습니다. 선생님 유튜브로 꾸준히 공부를 한 지 좀 되었는데, 오늘은 도움이 필요해 보이는 관광객에게 가서 영어로 말을 걸고 있는 저를 발견하고 깜짝 놀랐습니다. 정말 감사합니다. 잘하지는 못하지만 간단한 대화들이 겁 없이 된다는 게 너무 기뻐서 어찌할 바를 몰랐습니다. 감사합니다. ^^

이런 저런 영문법 강의를 여러 번 들어 봤는데, 때로는 어릴 때부터 듣던 너무 뻔한 강의를 하시거나 막연한 얘기를 하셔서 실망할 때가 많았기 때문에 크게 기대를 하지 않고 강의에 참석했습니다. 그런데 예상 밖으로 너무나 알차고 엑기스만 콕 찍어 주시는 강의에 감사했습니다.

✦ 이 책의 구성과 특징 ✦

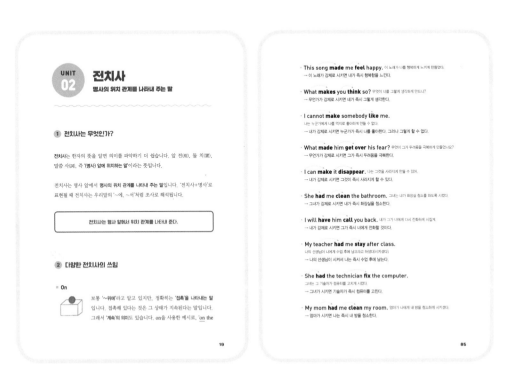

1 알기 쉬운 문법 용어

전체적으로 **문법 용어를 최소화**했고, 기존에 한국식으로 배웠던 문법 용어는 **근본 개념부터 알기 쉽게 풀이**했습니다.

2 풍부한 예문

해당 문법이 적용된 **풍부하고 다양한 예문을 수록**하였습니다. 아무리 개념을 이해해도 실제 예시를 제대로 알지 못하면 활용이 어렵습니다. 다양한 예문을 충분히 숙지해 보세요.

3 핵심만 콕! 한 줄 정리

설명과 예문 뒤에 **한 줄로 문법 개념을 정리**하였습니다. 이를 통해 다시 한 번 머릿속에 문법을 정리해 보세요.

4 REVIEW

모든 학습이 끝난 후, **REVIEW 문제를 통해 학습한 내용을 완전히 내 것으로** 만들 수 있습니다. 빈칸 채우기, 통영작하기 등의 문제를 풀면서 더욱 확실히 영문법을 정복해 보세요.

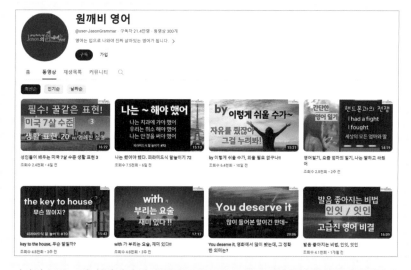

REVIEW	우리말을 보고 영작해 보세요.
① 그는 나에게 베트남으로 여행을 가라고 조언했다. (advise, travel)	
② 상사는 그에게 늦게까지 일하라고 명령했다. (order, work)	
③ 그는 내가 오늘까지 일을 끝내기를 원한다. (want, finish)	
④ 나는 네가 탄산음료를 마시지 않으면 좋겠다. (want, soda)	
⑤ 나는 네가 지금 내 사무실로 왔으면 한다. (want, come)	
⑥ 너는 내가 설거지하기를 원하니? (want, wash the dishes)	

▶ 저자 유튜브 활용하기

원깨비 영어
@user-JasonGrammar · 구독자 21.4만명 · 동영상 300개
영어는 입으로 나와야 진짜 살아있는 영어가 됩니다. >

구독   가입

홈   **동영상**   재생목록   커뮤니티   Q

최신순   인기순   날짜순

필수! 꿀같은 표현!
미국 7살 수준 3
생활 표현 20' w/병쾌한 설명
16:22
성인들이 배우는 미국 7살 수준 생활 표현 3
조회수 2.4천회 · 4일 전

나는 ~ 해야 했어
나는 치과에 가야 했어
우리는 취소 해야 했어
나는 안경을 써야 했어
피라미드식 말 늘리기 #72   15:13
나는 했어야 했다. 피라미드식 말늘리기 72
조회수 7.5천회 · 6일 전

by 이렇게 쉬울 수가~
자유를 줬잖아
그걸 누려봐!
15:21
by 이렇게 쉬울 수가, 외울 필요 없구나!!
조회수 6.4천회 · 10일 전

간단한 영어 일기 핸드폰과의 전쟁
I had a fight
I fought
세상의 모든 엄마와 딸
14:19
영어일기, 요즘 엄마의 일기, 나는 말하고 싸웠어
조회수 2.8천회 · 2주 전

the key to house
무슨 말이지?
피라미드식 말 늘리기 #70   15:42
key to the house, 무슨 말일까?
조회수 4.8천회 · 3주 전

with가
부리는 요술
재미 있다 !!
17:12
with 가 부리는 요술, 재미 있다네
조회수 4.8천회 · 3주 전

You deserve it
많이 들어본 말이긴 한데~
20:06
You deserve it, 영화에서 많이 받는데, 그 정확한 의미는?
조회수 4.1천회 · 1개월 전

발음 좋아지는 비법
인잇 / 잇인
고급진 영어 비결
16:09
발음 좋아지는 비법, 인잇, 잇인
조회수 4.1천회 · 1개월 전

저자의 유튜브 채널 '원깨비 영어'를 방문해 보세요. 채널 내의 동영상 콘텐츠와 함께 학습하면 더욱 효율적으로 영어 실력을 향상시킬 수 있습니다. 선생님의 다양하고 유익한 동영상 콘텐츠를 보며 도서 학습에 도움을 받아 보세요.

▶ 저자 유튜브 **바로가기**

차 례

원리를
깨우치는
영문법
딱 한 권으로 암기 없이
영문법 완성하기

문장의 구성 원리와 구성 요소

문장을 만드는 요소와 위치가 중요하다

1 영어 문장의 원리

영어와 한국어에서 각 언어가 무엇을 중요하게 생각하는지를 알면, 영어에 대한 이해도가 높아지게 됩니다. **영어는 '위치'를 중요하게 생각하고, 한국어는 위치보다는 '조사'가 중요**합니다. 한국어에는 교착 언어의 특성으로 영어에 없는 '조사'가 있습니다.

■ 한국어

① 나는 물을 마신다

② 나는 마신다 물을

③ 물을 마신다 나는 ⎫

④ 물을 나는 마신다   모든 문장은 동일한 내용을 표현합니다.

⑤ 마신다 나는 물을

⑥ 마신다 물을 나는 ⎭

위에서 볼 수 있듯이, "나는 물을 마신다."라는 문장에서 한국어는 세 어절의 순서가 바뀌어도 조사만 제대로 붙어 있으면 의미가 모두 같습니다.

■ 영어

① I water drink (×)

② I drink water (나는 물을 마신다) (O)

③ water drink I (물이 나를 마신다) (×)

④ water I drink (×)

⑤ drink I water (×)

⑥ drink water I (×)

반면, 영어는 ②번 문장만이 의미를 제대로 전달합니다. ③번의 경우에는 문법이 틀린 것은 아니지만, 단어의 위치에 따라 의미가 완전히 달라져 "물이 나를 마신다."라는 이상한 표현이 됩니다. 영어에는 우리말처럼 조사가 없는 대신, **위치가 조사의 역할**을 하기 때문입니다.

즉, I 자체가 '나는'이라는 뜻을 나타내는 것이 아니라, 맨 앞에 '위치'해야 '나는'이라는 뜻을 나타냅니다.

> 영어는 '단어의 위치'가 중요한 언어이다.
> 의미에 맞게 들어가야 할 위치가 정해져 있다.
> '명사 + 동사 + 명사/형용사'

② 품사

품사란, '-사'로 끝나는 문법 용어입니다. 영어는 8가지 품사로 나눌 수 있습니다. '8품사'에는 명사, 동사, 형용사, 대명사, 부사, 전치사, 접속사, 감탄사가 있습니다. 지금까지 우리가 배운 영문법에서 설명해 온 각 품사의 정의보다 좀 더 쉽게 이해할 수 있는 정의를 알아보겠습니다.

먼저 **명사**는, '나무, 책상, 하늘…' 등과 같이 **'이름을 가진 말'**을 통칭합니다. '말 타는 것, 먹을 것, 좋아했던 것, 배워 오고 있는 것…'처럼 **'~것'**으로 끝나는 말, 또는 '좋은 사람인지, 날씨가 좋을지, 재미있는지…'처럼 **'~지'**로 끝나는 말도 명사라고 볼 수 있습니다. 주로 문장의 처음에 오는 명사를 '주어', 동사 뒤에 오는 명사를 '목적어'라고 부릅니다. 우리말로 해석할 때 주어에는 '은, 는, 이, 가'를 붙이고, 목적어에는 '을, 를'을 붙입니다.

다음으로 **동사**는 **'~다'로 끝나는 말**이라고 생각하면 됩니다. '간다, 온다, 좋아한다, 갈 것이다, 보고 싶었다…' 등의 모든 서술어를 '동사'라고 부릅니다.

형용사는 우리말로 **'~한 상태'**라는 말을 붙일 수 있는 단어입니다. '좋은 (상태), 키가 큰 (상태), 달리고 있는 (상태), 들은 (상태), 닫혀진 (상태)…' 등과 같은 단어들입니다.

대명사에서 '대'는 대신한다는 뜻이므로, 대명사는 **'명사를 대신하는 말'**입니다. '나, 너, 우리, 그들, 그것들, 그녀, 그 남자, 그것' 등을 나타냅니다.

부사는 보통 **형용사 뒤에 -ly**를 붙이면 부사가 됩니다. 보통의 경우 문장 안에 들어가야 할 위치가 정해져 있지 않아 문장 앞, 중간, 뒤 등에 필요에 맞게 사용하면 됩니다.

전치사는 **명사의 위치 관계**를 표현해 주는 말입니다. 종류와 쓰임이 다양하기 때문에 뒤에서 자세히 다루겠습니다.

접속사는 단어와 단어 또는 문장과 문장을 **연결해 주는 말**입니다. 예를 들어 'and, but, or, because, if, when, as soon as, while…' 등이 있습니다.

감탄사는 **감탄할 때 사용하는** 말입니다. 'Wow, Ah, Oh, Ouch, Oops…' 등이 있습니다.

> 품사란, '-사'로 끝나는 문법 용어이고,
> 명사, 동사, 형용사, 대명사, 부사, 전치사, 접속사, 감탄사
> 이렇게 '8품사'가 있다.

1 영어는 '_____'를 중요하게 생각하고 한국어는 '조사'를 중요하게 생각합니다.

2 영어는 들어가야 할 위치가 정해져 있습니다. (_____ + _____ + _____ / _____)

3 영어의 '8품사'에는 _____, _____, _____, _____, _____, _____, _____, _____ 가 있습니다.

4 명사는 _____을 가진 말을 통칭합니다. _____, _____로 끝나는 말도 명사라고 볼 수 있습니다.

5 '간다, 좋아한다, 갈 것이다, 보고 싶었다' 등의 모든 서술어를 _____라고 부릅니다.

6 형용사는 우리말로 '_____'라는 말을 붙일 수 있는 단어입니다.

7 대명사는 _____로, '나, 너, 우리, 그들, 그것들, 그녀, 그 남자, 그것' 등을 나타냅니다.

8 보통 형용사 뒤에 -ly를 붙이면 _____가 됩니다.

9 전치사는 명사의 _____를 표현해 주는 말입니다.

10 단어와 단어 또는 문장과 문장을 연결해 주는 말은 _____입니다.

11 _____는 감탄할 때 사용하는 말입니다.

ANSWERS

1. 위치 | 2. 명사 / 동사 / 명사 / 형용사 | 3. 명사 / 동사 / 형용사 / 대명사 / 부사 / 전치사 / 접속사 / 감탄사 |
4. 이름 / ~것 / ~지 | 5. 동사 | 6. ~한 상태 | 7. 명사를 대신하는 말 | 8. 부사 | 9. 위치 관계 | 10. 접속사 |
11. 감탄사

UNIT 02

전치사

명사의 위치 관계를 나타내 주는 말

1 전치사는 무엇인가?

전치사는 한자의 뜻을 알면 의미를 파악하기 더 쉽습니다. 앞 전(前), 둘 치(置), 말씀 사(詞), 즉 **'(명사) 앞에 위치하는 말'**이라는 뜻입니다.

전치사는 명사 앞에서 **명사의 위치 관계를 나타내 주는 말**입니다. '전치사+명사'로 표현될 때 전치사는 우리말의 '~에, ~서'처럼 조사로 해석됩니다.

> **전치사는 명사 앞에서 위치 관계를 나타내 준다.**

2 다양한 전치사의 쓰임

■ **On**

보통 '~위에'라고 알고 있지만, 정확히는 **'접촉'**을 나타내는 말입니다. 접촉해 있다는 것은 그 상태가 지속된다는 말입니다. 그래서 **'계속'의 의미**도 있습니다. on을 사용한 예시로, '<u>on the</u>

floor(바닥에 접촉하여)', 'on the wall(벽에 접촉하여)', 'on the ceiling(천장에 접촉하여)', 'on sale((계속) 세일 중인)' 등이 있습니다.

- **There is a hole on the ceiling.** 천장에 구멍 하나가 있다.
- **Something weird happened on and on.** 뭔가 이상한 일이 계속 일어났다.
- **It is dark. Turn on the light.** 어둡다. 불 좀 켜.
- **Are you on medication now?** 당신은 지금 약을 복용하고 있나요?

■ **Against**

against는 양쪽에서 서로에게 힘을 주어 **대치하는 상황**을 나타내며, 여기에서 연장되어 **'대항하여'**라는 의미가 있습니다. 즉, 서로의 **힘의 평형**이 이루어져 어느 쪽으로도 힘이 치우치지 않는 상황입니다. 예를 들어, 'against the wall'을 '벽에 기대어'라고 표현하는데, 벽에 기대려면 벽이 우리에게 주는 힘과 우리가 벽에 주는 힘이 같아야만 넘어지지 않을 것입니다. 또한 against는 상대에게 **순응하지 않고 거스르는 이미지**입니다. 그래서 '적에 대항하여(against the enemy)', '반대 투표를 하다(vote against)', '그녀의 의사의 반해서(against her will)'라고도 쓰입니다.

- **He was standing against the wall.** 그는 벽에 기대어 서 있었다.
- **Vote for me, vote against him.**
  저에게 찬성 투표를 하시고, 그에게 반대 투표를 하세요.
- **She was sent to the island against her will.**
  그녀는 그녀의 의사와 상관없이(의사에 반해서) 그 섬으로 보내졌다.

■ After

after는 보통 '~ 후에'라고 표현합니다. 가만히 살펴보면, 뒤를 의미하는 후(後)입니다. 그래서 '뒤쫓아'의 이미지로 보면 편합니다. 예를 들어, '도둑을 뒤쫓아'는 'after the burglar'라고 쓰고, 엘리베이터를 탈 때 다른 사람에게 먼저 타라고 하는 경우, "After you.(제가 당신의 뒤를 쫓아서 타겠습니다.)"라고 표현합니다. 우리의 문화와는 다르게 영미권에서는 이름을 지을 때 유명한 사람의 이름이나 조상의 이름을 따라서 짓기도 하는데, 이럴 때도 after를 써서 'name after ~(~의 이름을 (뒤쫓아) 따다)'라고 합니다.

- **After** you. 먼저 타세요.
- The police chased **after** the burglar. 경찰은 도둑을 뒤쫓았다.
- They named the baby **after** his grandfather.
  그들은 할아버지의 이름을 따서 아기의 이름을 지었다.

■ Before

before는 '~ 전에'라는 뜻입니다. 어떠한 사건이 먼저 발생했거나 사물의 앞을 표현할 때 사용합니다. '~ 전에'에서 '전'은 앞(前)을 의미합니다. '~ 앞에'를 뜻하는 'in front of'는 실제 물체의 앞 위치를 나타냅니다.

- Do I need to do something **before** surgery?
  수술 전에 해야 할 게 있나요?
- Do it now **before** it is too late. 너무 늦기 전에 지금 해라.
- You should warm up properly **before** exercising.
  운동하기 전에 적절하게 몸을 덥혀야 해요.
- You shouldn't eat fruits **before** meals. 식사 전에 과일을 먹으면 안 됩니다.

- There is a dog **in front of** you. 당신 앞에 개 한 마리가 있다.
- Let's meet **in front of** the building. 우리 그 빌딩 앞에서 만나자.

■ Along

along은 a(앞)와 long(긴, 길게 늘어진)이 합쳐져 '~을 따라서'를 의미합니다. 그래서 **뭔가를 따라서 가는 이미지**를 나타냅니다.

- We walked **along** the beach. 우리는 해변을 따라서 걸었다.
- Cars are parked **along** the road. 자동차들이 도로를 따라서 주차되어 있다.
- Come **along** with me. 나와 함께 가자.

■ Across

across는 a(앞)와 cross(교차)가 합쳐져 **뭔가를 가로질러 가는** 이미지를 나타냅니다.

- The river flows **across** the bridge. 그 강은 그 다리를 가로질러 흐른다.
- We sat **across** from each other at the table.
  우리는 테이블에서 서로 마주 앉았다.
- The cafe is **across** from the post office. 그 카페는 우체국 건너편에 있다.

■ Above / Over

'~위에'를 표현하는 단어는 above와 over가 있습니다. above는 위에 뭔가 하나가 정지해 있는 느낌이고, 반면에 over는 위에 여러 개가 줄을 지어 길게 늘어져 있는 느낌이 있습니다.

새가 한 마리일 때에는 above, 새 떼가 있으면 over를 써 줍니다.

찰나가 아닌 연속해서 움직인다는 느낌으로도 의미가 확장됩니다. 그래서 '허리를 구부리다(bend over)'에서처럼 ⌒ 이렇게 움직임이 이어지는 느낌이 있습니다. 허리를 구부리기 위해서는 몸이 휘어지는 이미지를 줘야 하기 때문입니다.

- **There is a bird above you.** 새 한 마리가 네 위에 있다.
- **Water is leaking from above.** 위에서 물이 새고 있다.
- **We are flying above the clouds.** 우리는 구름들 위에서 비행하고 있다.

- **There is a flock of birds over the bridge.** 다리 위에 새 떼가 있다.
- **Can you see anything over there?** 저 위에 보이는 것이 있니?
- **I bent over to tie my shoe.** 나는 신발 끈을 묶으려고 허리를 구부렸다.

■ **Under**

뭔가의 '아래', 어떤 수준의 '이하'를 표현합니다. 보이는 사물 뿐 아니라 보이지 않는 추상 명사에도 사용할 수 있습니다.

- **There is a cat under the truck.** 트럭 아래에 고양이 한 마리가 있다.
- **Everything is under control.** 모든 것은 통제되어 있다.
- **If you are under 19 years old, you cannot purchase alcoholic beverage.**
  당신이 19세 이하이면, 알코올 음료를 구입할 수 없습니다.

■ **By**

'～옆에' 라는 사물의 물리적인 위치 관계를 나타내는 말로 탄생되었지만, 의미가 점점 확장되어 시간을 나타내는 '～까지', 더 나아가 추상적인 의미인 '～에 의해서'를 표현합니다.

- Please stand **by** me. 내 옆에 있어 주세요.

- I want to sit **by** the window. 창문 옆에 앉고 싶어요.

- Please follow the instructions step **by** step.
  단계별로 지시 사항을 따르세요.

- You will be getting stronger day **by** day. 너는 날마다 점점 더 강해질 거야.

- The discovery was made almost **by** accident.
  그 발견은 거의 우연히 이루어졌다.

- Can you come here **by** 4 PM? 너는 4시까지 여기에 올 수 있니?

- I will let you know **by** next Wednesday. 다음 주 수요일까지 알려 줄게.

- The book is written **by** Jason.
  그 책은 제이슨에 의해서 쓰였다.(그 책은 제이슨이 썼다.)

- The film was directed **by** him.
  그 영화는 그 남자에 의해서 감독되었다.(그 영화는 그 남자가 감독했다.)

- This is made **by** hand. 이것은 수제로 만든 것이다.

- It is required **by** law. 그것은 법에 의해서 요구되어진다.

- Commuting **by** subway is super convenient.
  지하철을 타고 통근하는 것은 아주 편리하다.

- I can get there **by** taxi. 나는 택시로 거기에 갈 수 있어.

- Learn **by** doing something. 뭔가를 함으로써 배워라.

- You can help people **by** donating blood.
  너는 혈액을 기부함으로써 사람들을 도울 수 있다.

1. There is a hole _____ the ceiling. 천장에 구멍 하나가 있다.

2. Are you _____ medication now? 당신은 지금 약을 복용하고 있나요?

3. He was standing _____ the wall. 그는 벽에 기대어 서 있었다.

4. She was sent to the island _____ her will.
   그녀는 의사와 상관없이 그 섬으로 보내어졌다.

5. _____ you. 먼저 타세요.

6. They named the baby _____ his grandfather.
   그들은 할아버지의 이름을 따서 아기의 이름을 지었다.

7. Do I need to do something _____ surgery? 수술 전에 해야 할 게 있나요?

8. You should warm up properly _____ exercising.
   운동하기 전에 적절하게 몸을 덥혀야 해요.

9. You shouldn't eat fruits _____ meals. 식사 전에 과일을 먹으면 안 됩니다.

10. Let's meet _____ the building. 우리 그 빌딩 앞에서 만나자.

11. We walked _____ the beach. 우리는 해변을 따라서 걸었다.

12. Come _____ with me. 나와 함께 가자.

💻 ANSWERS ···

1. on | 2. on | 3. against | 4. against | 5. After | 6. after | 7. before | 8. before | 9. before |
10. in front of | 11. along | 12. along

25

⑬ **The river flows _____ the bridge.** 그 강은 그 다리를 가로질러 흐른다.

⑭ **The cafe is _____ from the post office.** 그 카페는 우체국 건너편에 있다.

⑮ **There is a bird _____ you.** 새 한 마리가 네 위에 있다.

⑯ **We are flying _____ the clouds.** 우리는 구름들 위에서 비행하고 있다.

⑰ **There is a flock of birds _____ the bridge.** 다리 위에 새 떼가 있다.

⑱ **I bent _____ to tie my shoe.** 나는 신발끈을 묶으려고 허리를 구부렸다.

⑲ **There is a cat _____ the truck.** 트럭 아래에 고양이 한 마리가 있다.

⑳ **If you are _____ 19 years old, you cannot purchase alcoholic beverage.**

당신이 19세 이하이면, 알코올 음료를 구입할 수 없습니다.

㉑ **I want to sit _____ the window.** 창문 옆에 앉고 싶어요.

㉒ **The discovery was made almost _____ accident.** 그 발견은 거의 우연히 이루어졌다.

㉓ **Please stand _____ me.** 내 옆에 있어 주세요.

㉔ **Can you come here _____ 4 PM?** 너는 4시까지 여기에 올 수 있니?

㉕ **I will let you know _____ next Wednesday.** 다음 주 수요일까지 알려 줄게.

㉖ **The book is written _____ Jason.** 그 책은 제이슨에 의해서 쓰였다.(그 책은 제이슨이 썼다.)

ANSWERS ....

13. across | 14. across | 15. above | 16. above | 17. over | 18. over | 19. under | 20. under |
21. by | 22. by | 23. by | 24. by | 25. by | 26. by

27 It is required _____ law. 그것은 법에 의해서 요구되어진다.

28 Commuting _____ subway is super convenient.

지하철을 타고 통근하는 것은 아주 편리하다.

29 I can get there _____ taxi. 나는 택시로 거기에 갈 수 있어.

30 You can help people _____ donating blood.

너는 혈액을 기부함으로써 사람들을 도울 수 있다.

ANSWERS

27. by | 28. by | 29. by | 30. by

■ Around

around는 a(앞)와 round(원)가 합쳐진 말입니다. **주변에 원이 있는 이미지이므로 '둘레'라는 의미가 있습니다.**

- The enemies are all **around** us. 적들이 우리 주위에 있다.
- Please sit **around** the table. 테이블에 둘러앉으세요.
- You can easily get **around** by public transportation.
  대중교통으로 쉽게 돌아다니실 수 있어요.
- Try unique snacks and candy from **around** the world.
  전 세계에서 온 독특한 사탕과 과자를 맛보세요.

■ About

about은 물리적으로 '~의 근처'를 표현하고, '~의 근처에', '대략', '~에 대하여'로 의미가 발전합니다.

- I want to talk **about** the case. 그 사건에 대해서 얘기하고 싶어요.
- It will take **about** four hours. 대략 4시간이 걸릴 겁니다.
- I was thinking **about** you. 나는 너에 대해서 생각하고 있었어.

■ From

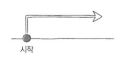

시작

from은 '~로부터'를 의미합니다. **'먼 거리로부터'라는 의미**도 있어서 '~로 만들어지다'의 'be made from'은 눈으로 봐서는 원재료를 알 수 없는 경우에 사용합니다. 재료가 아주 멀리서 오다 보니 그 본래의 성질이 변했다는 것을 표현합니다.

- I am **from** Korea. 나는 한국으로부터 왔다.(나는 한국 사람이다.)
- Plastic is made **from** oil. 플라스틱은 기름으로부터 만들어진다.

- **Paper is made from trees.** 종이는 나무로부터 만들어진다.

For

for는 보통 '～을 위해서', '～ 동안(내내)'으로 이해하면 쉽습니다. 근본적으로는 **'교환'**의 의미가 있습니다. 예를 들어, "It is $5.00 for this.(이것은 5달러이다.)"라는 문장은 이 물건을 내가 너에게 주고, 너는 나에게 5달러를 준다는 의미가 담겨 있으므로 교환을 나타내는 for를 썼습니다.

- **This is for you.** 이것은 너의 것이다.
- **It is $5.00 for this.** 이것은 5달러이다.
- **We went to Bali for a week.** 우리는 일주일 동안 발리에 갔다.
- **I watched TV for an hour.** 나는 한 시간 동안 TV를 봤다.
- **I worked part time for the summer vacation.**
  나는 여름 방학 동안 내내 아르바이트를 했다.

In

in은 **'(공간) 안에'**를 의미합니다. '그 방 안에'를 표현하면 'in the room'이고, '10분 후'라는 표현은 10분이라는 공간을 다 채운다는 뜻이므로 'in ten minutes'입니다. '거리에서'를 'in the street'라고 할 때는 거리를 **3차원 공간**으로 보는 경우이고, 'on the street'로 쓰면 'on'이 '접촉'이므로 거리를 **2차원**으로 생각한다는 뜻입니다.

- **She is in her room.** 그녀는 그녀의 방 안에 있다.
- **I will be back in ten minutes.** 나는 10분 후에 돌아올 것이다.
- **There are a lot of people in the street.** 거리에 많은 사람들이 있다.

■ At

아주 작고 날카로운 점을 표현합니다. 'at 10 AM'은 정확하게 '오전 10시'를 콕 찍어 주기 때문에 '10시 정각'을 나타냅니다. 근처를 나타내는 about을 써서 'about 10 AM' 하면 '약 10시 경'을 나타낼 수 있습니다. 아주 작고 날카로운 점을 표현하기 때문에 **시간의 개념에서는** '**순간**'을 의미합니다. 우리가 놀랄 때는 아주 순간적으로 놀랍니다. 그래서 순간을 나타내는 at과 어울립니다.

- **Most children go to bed at nine o'clock.**
  대부분의 아이들은 9시에 잠자리에 든다.
- **I was waiting at the bus stop.** 나는 버스 정류장에서 기다리고 있었어.
- **You can visit our web site at www.samsung.com.**
  저희 웹 사이트 www.samsung.com에 방문하실 수 있습니다.
- **I was surprised at the sight of her coming.**
  나는 그녀가 오는 것을 보고 놀랐어.

■ To

to는 '~에게', '~를 향하여'라고 보통 표현합니다. 근본적으로는 **방향**을 잡고 **도착**까지 하는 이미지를 가집니다. 의미를 확장해서 생각해 보면 방향만 잡는 것이 아니라 도착까지 해야 하므로 **시간이 흘러감**을 의미합니다. 그래서 **to부정사**가 만들어집니다. to부정사는 주체가 어떤 행동을 하고 나서 그 다음 행동을 할 때 쓰입니다.

- **I go to school.** 나는 학교로 (향해) 갑니다.
- **We should have an answer to the problem.**
  우리는 그 문제를 향해서(그 문제에 관한) 답을 가지고 있어야 한다.
- **We danced to the song.** 우리는 그 노래를 향하여(그 노래에 맞추어) 춤췄다.

- **This is similar to mine.** 이것은 나의 것을 향해서(나의 것과) 비슷하다.

- **I listen to the music.** 나는 그 음악을 향해서(그 음악을) 듣는다.

- **I talk to myself.** 나는 나 자신을 향해서 말한다(혼잣말을 한다).

- **Turn to the right.** 오른쪽을 향해서 회전하세요.(우회전하세요.)

- **Turn to the left.** 왼쪽을 향해서 회전하세요.(좌회전하세요.)

- **I am married to Snow White.**
  나는 백설 공주를 향해 결혼되어져 있다.(나는 백설 공주와 결혼했다.)

- **This book is dedicated to all the family members.**
  이 책은 가족 구성원 모두에게 바쳐져 있습니다.(이 책을 가족 구성원 모두에게 바칩니다.)

■ Of / Off

 of는 '**부분**'을 의미하며, '∼의'로 보통 표현합니다. off는 '**분리**'하는 이미지를 나타냅니다. of와 off는 두 단어의 생김새에서 볼 수 있듯이, 서로 연관성이 있습니다. 어떤 한 부분(of)을 나타내는 말이었다가 분리(off)가 되는 말이 된 것입니다.

- **He is one of my friends.** 그는 내 친구들 중 한 명이에요.

- **The health of your teeth can affect your overall health.**
  당신의 치아 건강이 전반적인 건강에 영향을 끼칠 수 있습니다.

- **Keep off.** 접근 금지.

- **Wash it off.** 그것을 씻어 내.

- **I have a day off tomorrow.** 나는 내일 쉰다.

- **Up to 50% off Christmas sale** 크리스마스 세일 50%까지 할인

- **Hats off to you.** 당신에게 존경을 표합니다. / 축하합니다.

- **It is all I can really think of off the top of my head.**
  이게 내 머릿속에서 얼핏 떠오르는 모든 것이야.

■ Through

 어떤 것을 뚫고 완전히 통과한다는 이미지를 표현할 때 through 를 사용합니다. 예를 들어, 뱀이 팔을 세게 물어서 이빨이 완 전히 팔을 통과하면 'bite through'라고 하고, 그 팔을 완전 히 뜯어내 버리면 'bite off'라고 합니다.

- The alligator bit the leg of the tiger **through**.
  그 악어가 그 호랑이의 다리를 물어 이빨이 다리를 통과했다.

- The dinosaur bit the tail of tiger **off**.
  그 공룡이 그 호랑이의 꼬리를 물어뜯어 냈다.

- She could see an object **through** the fog.
  그녀는 안개 속에서 어떤 물체를 볼 수 있었다.

- He came **through** the window. 그는 창문을 통해서 들어왔다.

- I went to the bathroom **through** the night. 나는 밤새도록 화장실에 갔다.

1 The enemies are all _____ us. 적들이 우리들 주위에 있다.

2 You can easily get _____ by public transportation.
대중교통으로 쉽게 돌아다니실 수 있어요.

3 I want to talk _____ the case. 그 사건에 대해서 얘기하고 싶어요.

4 I was thinking _____ you. 나는 너에 대해서 생각하고 있었어.

5 Plastic is made _____ oil. 플라스틱은 기름으로부터 만들어진다.

6 Paper is made _____ trees. 종이는 나무로부터 만들어진다.

7 It is $5.00 _____ this. 이것은 5달러이다.

8 We went to Bali _____ a week. 우리는 일주일 동안 발리에 갔다.

9 I worked part time _____ the summer vacation.
나는 여름 방학 동안 내내 아르바이트를 했다.

10 She is _____ her room. 그녀는 그녀의 방 안에 있다.

11 There are a lot of people _____ the street. 거리에 많은 사람들이 있다.

12 Most children go to bed _____ nine o'clock. 대부분의 아이들은 9시에 잠자리에 든다.

13 I was waiting _____ the bus stop. 나는 버스 정류장에서 기다리고 있었어.

ANSWERS ··

1. around | 2. around | 3. about | 4. about | 5. from | 6. from | 7. for | 8. for | 9. for | 10. in
| 11. in | 12. at | 13. at

⑭ **I was surprised _____ the sight of her coming.** 나는 그녀가 오는 것을 보고 놀랐어.

⑮ **I go _____ school.** 나는 학교로 갑니다.

⑯ **We should have an answer _____ the problem.**
우리는 그 문제를 향해서(그 문제에 관한) 답을 가지고 있어야 한다.

⑰ **We danced _____ the song.** 우리는 그 노래를 향하여(그 노래에 맞추어) 춤췄다.

⑱ **I listen _____ the music.** 나는 그 음악을 향해서(그 음악을) 듣는다.

⑲ **Turn _____ the right.** 오른쪽을 향해서 회전하세요.(우회전하세요.)

⑳ **I am married _____ Snow White.**
나는 백설 공주를 향해 결혼되어져 있다. (나는 백설 공주와 결혼했다.)

㉑ **This book is dedicated _____ all the family members.**
이 책은 가족 구성원 모두에게 바쳐져 있습니다. (이 책을 가족 구성원 모두에게 바칩니다.)

㉒ **He is one _____ my friends.** 그는 내 친구들 중의 한 명이에요.

㉓ **The health _____ your teeth can affect your overall health.**
당신의 치아 건강이 전반적인 건강에 영향을 끼칠 수 있습니다.

㉔ **Wash it _____.** 그것을 씻어 내.

㉕ **Up to 50% _____ Christmas sale** 크리스마스 세일 50%까지 할인

㉖ **Hats _____ to you.** 당신에게 존경을 표합니다. / 축하합니다.

🖥 ANSWERS ···

14. at | 15. to | 16. to | 17. to | 18. to | 19. to | 20. to | 21. to | 22. of | 23. of | 24. off | 25. off
| 26. off

34

27 The alligator bit the leg of the tiger _____.

그 악어가 그 호랑이의 다리를 물어 이빨이 다리를 통과했다.

28 The dinosaur bit the tail of tiger _____. 그 공룡이 그 호랑이의 꼬리를 물어뜯어 냈다.

29 He came _____ the window. 그는 창문을 통해서 들어왔다.

30 I went to the bathroom _____ the night. 나는 밤새도록 화장실에 갔다.

ANSWERS ....

27. through | 28. off | 29. through | 30. through

■ Into

 into는 in(안)과 to(~로)가 합쳐져 '~ 안으로'라는 방향성을 가지는 의미가 됩니다.

- Let's go **into** the house. 그 집 안으로 들어갑시다.
- I walked **into** the room. 나는 방 안으로 걸어 들어갔다.
- Tuck your shirt **into** your pants. 너의 바지 안으로 셔츠를 집어넣어라.

■ Onto

 onto는 **on(접촉)과 to(~로)가 합쳐진 말입니다.** to는 어딘가를 향해서 간다는 느낌을 주는데, onto는 간다는 의미에 접촉(on)이 더해져 뭔가를 밟고서, 스치면서, 올라타면서 간다는 추가적인 정보를 줍니다.

- I poured some shampoo **onto** my daughter's hair.
  나는 나의 딸의 머리 위에 샴푸를 좀 부었다.
- I climbed **onto** the roof to remove snow.
  나는 눈을 치우기 위해서 지붕 위로 올라갔다.
- I stepped **onto** the dance floor. 나는 댄스 플로어에 발을 디뎠다.
- He stepped **onto** the elevator and pressed the button for the top floor.
  그는 엘리베이터에 올라 맨 위층의 버튼을 눌렀다.

■ With

with는 '~와 함께 있는'이라는 뜻으로, 무언가와 같이 있는 이미지를 줍니다. 그래서 '가지고 있다'라고 봐도 됩니다.

- **Most people with Covid-19 will have fever.**
  코로나 19에 걸린(가지고 있는) 대부분의 사람들은 열이 날 것이다.
- **Do you have your passport with you?** 당신은 지금 여권을 소지하고 있습니까?
- **Happiness is being with people you love.**
  행복은 당신이 사랑하는 사람들과 함께 있는 것이다.

■ Without

without은 with(함께)와 out(밖으로)이 합쳐진 말입니다. 함께 있던 상황(with)의 밖으로(out) 나간다는 의미입니다. 그래서 '~이 없다'라는 느낌입니다.

- **I can't live without you.** 나는 당신 없이 살 수 없어요.
- **She left without saying good-bye to me.**
  그녀는 나에게 작별 인사도 없이 떠났다.

■ Between

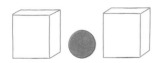

between은 '~ 사이에'를 나타냅니다. 원래 둘 사이를 표현할 때 사용해 왔으나, 그 이상이더라도 **수를 셀 수 있는 명확한 대상**이 있으면 사용 가능합니다.

- **The train runs between Los Angeles and San Diego.**
  이 기차는 로스앤젤레스와 샌디에이고 사이를 운행한다.
- **Colorado is between Utah, Arizona, New Mexico, Nebraska, Kansas, Oklahoma and Wyoming.**
  콜로라도주는 유타, 애리조나, 뉴멕시코, 네브래스카, 캔자스, 오클라호마 그리고 와이오밍 사이에 있습니다.

- The agreement was reached **between** the company and the union after intense negotiations.

  그 합의는 회사와 노조 사이의 치열한 협상 끝에 도달되었다.

■ Among

among은 수를 셀 수 없고 또한 굳이 수를 셀 필요가 없는 **많은 '～들 사이에', '～들 중에'**를 표현합니다.

- There are many differences **among** children.

  아이들 사이에 많은 다른 점들이 있다.

- I have several singers **among** my friends.

  나는 친구들 중에 가수인 친구가 몇 명 있다.

- Apples are **among** the world's most perfect foods.

  사과는 세상에서 가장 완전한 음식 중의 하나이다.

■ Beyond

beyond는 '～ 너머로', '～을 초월하여', '～을 넘어서서'라는 의미를 갖습니다.

- This is **beyond** my ability. 이것은 나의 능력 밖이다.

- What is **beyond** meat? 고기를 뛰어넘는 것은 무엇이 있을까?

- You can't park **beyond** this point.

  이 지점을 넘어서 주차할 수 없습니다.

- I love you **beyond** measure.

  나는 측정을 넘길 만큼(헤아릴 수 없을 정도로) 당신을 사랑해요.

Toward

toward는 '~을 향하여'를 표현합니다. for(~향하여)보다는 범위가 넓습니다.

- **They are running toward the river.** 그들은 그 강을 향하여 달리고 있다.
- **The couple is saving money toward a new house.**
  그 커플은 새로운 집을 (사기) 위해 돈을 모으고 있다.
- **The train is heading toward Santa Monica.**
  그 기차는 산타 모니카를 향하여 가고 있다.

During

시작　끝

during은 지속을 나타내는 dure에서 나온 말이지만, 기간 내내가 아닌 '한때'를 가리키는 말입니다.

- **The cafe is open during the day.** 그 카페는 낮에 영업한다.
- **You can ask questions during the class.**
  당신은 수업 시간에 질문할 수 있습니다.
- **I worked part time during the summer vacation.**
  나는 여름 방학 때 아르바이트를 했다.

Behind

behind는 '~의 뒤에', '~의 뒤쪽'을 표현합니다.

- **Please close the door behind you.** 당신 뒤에 문 좀 닫아 주세요.

- The restroom is **behind** the store. 화장실은 가게 뒤쪽에 있습니다.

- She was attacked from **behind**. 그녀는 뒤쪽에서부터 공격을 받았다.

- He had national judicial power **behind** him.
  그는 그의 뒤에 국가의 사법권을 가지고 있었다.

배운 내용을 생각하며 빈칸을 채워 보세요.

① Let's go _____ the house. 그 집 안으로 들어갑시다.

② Tuck your shirt _____ your pants. 너의 바지 안으로 셔츠를 집어넣어라.

③ I poured some shampoo _____ my daughter's hair.

나는 나의 딸의 머리 위에 샴푸를 좀 부었다.

④ I stepped _____ the dance floor. 나는 댄스 플로어에 발을 디뎠다.

⑤ Most people _____ Covid-19 will have fever.

코로나19에 걸린(가지고 있는) 대부분의 사람들은 열이 날 것이다.

⑥ Happiness is being _____ people you love.

행복은 당신이 사랑하는 사람들과 함께 있는 것이다.

⑦ I can't live _____ you. 나는 당신 없이 살 수 없어요.

⑧ Colorado is _____ Utah, Arizona, New Mexico, Nebraska, Kansas, Oklahoma and Wyoming.

콜로라도주는 유타, 애리조나, 뉴멕시코, 네브래스카, 캔자스, 오클라호마 그리고 와이오밍 사이에 있습니다.

⑨ There are many differences _____ children.

아이들 사이에 많은 다른 점들이 있다.

⑩ Apples are _____ the world's most perfect foods.

사과는 세상에서 가장 완전한 음식 중의 하나이다.

ANSWERS

1. into | 2. into | 3. onto | 4. onto | 5. with | 6. with | 7. without | 8. between | 9. among | 10. among

⑪ **This is _____ my ability.** 이것은 나의 능력 밖이다.

⑫ **You can't park _____ this point.**

이 지점을 넘어서 주차할 수 없습니다.(이 지점 외에는 주차할 수 없습니다.)

⑬ **They are running _____ the river.** 그들은 그 강을 향하여 달리고 있다.

⑭ **The train is heading _____ Santa Monica.**

그 기차는 산타 모니카를 향하여 가고 있다.

⑮ **The cafe is open _____ the day.** 그 카페는 낮에 영업한다.

⑯ **You can ask questions _____ the class.** 당신은 수업 시간에 질문할 수 있습니다.

⑰ **I worked part time _____ the summer vacation.**

나는 여름 방학 때 아르바이트를 했다.

⑱ **Please close the door _____ you.** 당신 뒤에 문 좀 닫아 주세요.

⑲ **She was attacked from _____.** 그녀는 뒤쪽에서부터 공격을 받았다.

⑳ **He had national judicial power _____ him.**

그는 그의 뒤에 국가의 사법권을 가지고 있었다.

㉑ **I climbed _____ the roof to remove snow.** 나는 눈을 치우기 위해서 지붕 위로 올라갔다.

㉒ **Do you have your passport _____ you?** 당신은 지금 여권을 소지하고 있습니까?

㉓ **She left _____ saying good-bye to me.** 그녀는 나에게 작별 인사도 없이 떠났다.

🖥 ANSWERS ....

11. beyond | 12. beyond | 13. toward | 14. toward | 15. during | 16. during | 17. during |
18. behind | 19. behind | 20. behind | 21. onto | 22. with | 23. without

24 The train runs _____ Los Angeles and San Diego.

이 기차는 로스앤젤레스와 샌디에이고 사이를 운행한다.

25 I have several singers _____ my friends.

나는 친구들 중에 가수인 친구가 몇 명 있다.

26 What is _____ meat? 고기를 뛰어넘는 것은 무엇이 있을까?

27 The couple is saving money _____ a new house.

그 커플은 새로운 집을 (사기) 위해 돈을 모으고 있다.

28 The restroom is _____ the store. 화장실은 가게 뒤쪽에 있습니다.

29 He stepped _____ the elevator and pressed the button for the top floor.

그는 엘리베이터에 올라 맨 위층의 버튼을 눌렀다.

30 The agreement was reached _____ the company and the union after intense negotiations.

그 합의는 회사와 노조 사이의 치열한 협상 끝에 도달되었다.

ANSWERS ···

24. between | 25. among | 26. beyond | 27. toward | 28. behind | 29. onto | 30. between

③ 전치사와 결합하는 다양한 표현

앞에서 배운 전치사의 의미와 쓰임을 활용해서 다양한 표현들을 알아보겠습니다. 전치사의 의미를 잘 알아 뒀다면 쉽게 이해할 수 있습니다.

■ **by accident** 우연히, 실수로

accident(사고)가 일어날 확률은 아주 낮다고 볼 수 있습니다. 그래서 사고 옆(by)에 있다는 개념에서 '**우연히**', '**실수로**' 등의 의미로 확장이 가능합니다.

- I deleted the file **by accident**. 나는 실수로 그 파일을 지웠다.
- I found this restaurant **by accident**. 나는 우연히 이 식당을 발견했다.
- The discovery was made **by accident**. 그 발견은 우연히 이루어졌다.

■ **look after** 돌보다

뭔가를 뒤쫓아(after) 가면서 관심을 가지고 본다(look)라는 의미이기에 '**돌보다**'라고 볼 수 있습니다.

- Please **look after** your baby sister. 네 여동생을 잘 돌봐 줘.
- I can **look after** your dog while you are on a vacation.
  나는 네가 휴가를 가 있는 동안 네 개를 돌봐 줄 수 있어.
- You should **look after** yourself more. 너는 너 자신을 더 돌봐야 한다.

■ **name after ~** ~의 이름을 따서 짓다

누군가의 이름을 뒤쫓아(after) 이름을 짓는다(name)라는 의미로 '**~의 이름을 따서 (이름을) 짓다**'라는 표현이 됩니다.

- I was **named after** my grandfather.
  내 이름은 할아버지의 이름을 따서 지어졌다.

- The bridge is **named after** a local hero who sacrificed their life for their country.
  그 다리는 나라를 위해 목숨을 희생한 지역 영웅의 이름을 따서 명명되었다.

- The airport is **named after** a pioneering aviator who made significant contributions to the field of aviation.
  그 공항은 항공 분야에 중요한 이바지를 한 선구적인 비행사의 이름을 따서 이름 지어졌다.

■ **be about to+동사원형** 막 ~하려는 참이다

to부정사(to+동사원형)는 앞으로 일어날 일(미래의 상황)을 나타내는데, 그 상황 근처(about)에 있으니 '막 ~하려는 참이다', '막 ~하려고 하다'라는 의미가 됩니다.

- I **was about to** call you. 너에게 막 전화하려던 참이었다.
- The Sun **was about to** disappear. 태양이 막 사라지려고 했다.
- I **am about to** turn thirty five. 나는 막 35살이 되려고 한다.

■ **be surprised at ~** ~에 깜짝 놀라다

뭔가에 놀랄 때는 시간이 지나면서 서서히 놀라는 것이 아니라 순식간(at)에 놀랍니다. at은 날카로운 한 점을 나타내는데, 시간의 개념으로 오면 '순간'으로 의미가 확장됩니다.

- I **was surprised at** the news. 나는 그 뉴스에 깜짝 놀랐다.
- He **was surprised at** the sight of blood. 그는 피를 보고 놀랐다.
- They **were surprised at** how well the task was completed.
  그들은 그 일이 얼마나 잘 완료되었는지를 보고 놀랐다.

■ **laugh at ~** ~에 웃다, ~을 비웃다

'어떤 것에 웃는다'는 표현입니다. 나아가, 어떤 한 점(at)을 보고서 눈도 깜빡이지

않고 계속 웃으면, 상대방은 기분이 나쁠 것입니다. 그래서 '**비웃다**'라는 의미도 됩니다.

- My girlfriend **laughed at** my jokes. 내 여자 친구는 나의 농담에 웃었다.
- Everybody **laughed at** my accent. 모두가 나의 억양을 비웃었다.
- Don't **laugh at** my dream. 내 꿈을 비웃지 마.

■ **for sale / on sale** 판매용 / 판매 중

for sale은 물건과 돈을 교환(for)하겠다는 말이므로 '**판매용**'이라는 뜻이 됩니다. 그리고 접촉(계속)을 나타내는 on을 쓰면 판매(sale)하는 그 상태를 계속 유지한다, 즉 '**판매 중**'이라는 말이 됩니다. 할인을 해서라도 계속 팔겠다는 의지를 나타내기 때문에 '**할인 중**'이라는 의미도 됩니다.

- It is **for sale**. 이것은 판매용이다.
- It is **on sale**. 이것은 할인 판매 중이다.
- The boat is **for sale** and has a powerful engine and plenty of storage space.
  그 보트는 판매용이며 강력한 엔진과 충분한 저장 공간을 가지고 있습니다.
- The home decor items are **on sale** and have a unique, stylish touch.
  실내 장식 품목들은 할인 중이며, 독특하고 감각이 있습니다.

■ **be made of ~** ~로 만들어지다

'**~로 만들어지다**'를 표현합니다. 부분(of)을 나타내는 말이 있으므로 어떤 재료를 썼는지 보이는 경우에 사용합니다. 즉, 물리적인 변화가 생겼음을 의미합니다.

- The desk **is made of** wood. 그 책상은 나무로 만들어져 있다.

- The watch **is made of** titanium and has a sleek, modern design.

  그 시계는 티타늄으로 만들어졌으며, 날렵하고 현대적인 디자인을 가지고 있다.

- The ring **is made of** gold and has a precious gemstone in the center.

  그 반지는 금으로 만들어졌고, 중앙에 귀중한 원석이 있다.

■ **be made from ~** ~로 만들어지다

'~로 만들어지다'를 표현합니다. 그런데 from이 '먼 거리로부터'의 의미가 있으므로, 원재료가 먼 거리를 지나면서 원래 재료의 성질이 변했음을 알 수 있습니다. 그래서 완제품에는 원재료가 보이지 않습니다. 화학적인 변화가 생긴 것입니다.

- The wine **is made from** grapes grown in the local vineyard.
  그 와인은 지역 포도밭에서 자란 포도로 만들어진다.

- The beer **is made from** barley and water. 맥주는 보리와 물로 만들어진다.

- The book **is made from** recycled paper and has an eco-friendly cover.
  그 책은 재활용 종이로 만들어졌고, 친환경 표지가 있다.

■ **know of ~** ~에 대해 알다

부분을 나타내는 of를 사용했기 때문에 '~을 부분적으로 알다'라는 의미가 됩니다. 그래서 '~에 대해서 (좀) 알다'라고 이해하면 됩니다. of 대신 about(근처, 부근, 주변)을 쓰면 범위가 좀 더 넓어져서 좀 더 잘 안다는 느낌이 있습니다.

- I **know of** Albert Einstein. 나는 앨버트 아인슈타인에 대해서 좀 안다.

- I **know about** Albert Einstein. 나는 앨버트 아인슈타인에 대해서 잘 안다.

- I have never met him but I **know of** him.
  나는 그를 만나 본 적은 없지만, 그에 대해서 조금은 안다.

■ look into ~　～을 조사하다

안으로(into)와 보다(look)가 합쳐져 '~안을 들여다보다'를 표현합니다. 안을 들여다보기 때문에 '조사하다'라는 의미까지 확장됩니다.

- **Alice is looking into the rabbit hole.** 앨리스는 토끼 구멍 안을 보고 있다.
- **They looked into the plane crash.** 그들은 그 비행기 사고를 조사했다.
- **I don't know but I will look into it.** 저는 잘 모르겠지만, 그것을 조사해 볼게요.
- **The police are looking into it.** 경찰이 그것을 조사하고 있다.

■ run into ~　～을 우연히 만나다, ～에 부딪치다

어떠한 공간 안으로(into) 달려(run) 들어간다는 이미지입니다. 어떤 공간 안으로 달려 들어가 서로 만나기까지는 아주 적은 확률입니다. 그래서 '우연히 만나다' 나아가 '~에 부딪치다'라는 의미로 쓰입니다.

- **Be careful not to run into the fence.** 저 담장에 부딪치지 않도록 조심해라.
- **I ran into an old friend at the restaurant.**
  나는 오랜 친구를 식당에서 우연히 만났다.
- **I can't believe I ran into you here.**
  내가 여기에서 너를 마주치다니 믿을 수 없구나.
- **If you run into any difficulties, call me anytime.**
  당신이 혹시 어떤 어려움을 만난다면, 나에게 언제든지 전화 주세요.

■ turn on ~　～을 켜다, 배신하다

스위치를 돌려(turn) 끊어진 전선을 서로 접촉(on)하면 켜집니다. '~을 켜다'라는 의미를 갖습니다. 또한 '배신하다', '공격하다'의 의미도 있습니다.

- **Turn on the emergency lights.** 비상등을 켜세요.

- Do you know how to **turn on** the copy machine?
  그 복사기 전원을 어떻게 켜는지 아니?
- I would never **turn on** you. 나는 당신을 배신하지 않을 겁니다.

■ **turn off ~** ~을 끄다, ~에 흥미를 잃다, 화가 나다

스위치를 돌려(turn) 접촉된 전선을 서로 분리(off)하면 꺼집니다. 그래서 '~을 끄다'라는 의미가 됩니다. 좀 더 의미를 확장하면 '~에 흥미를 잃다', '화가 나다' 등이 됩니다.

- He **turned** the air conditioner **off**. 그는 에어컨을 껐다.
- Why is your phone **turned off**? 너 휴대폰은 왜 꺼져 있었어?
- Her bad attitude really **turned** me **off**.
  그녀의 안 좋은 태도가 나를 화나게 했다.

■ **put on ~** ~을 입다, 착용하다

뭔가를 내 몸에 놓고(put) 접촉(on)하기 때문에 '**입다**', '**착용하다**', '**화장하다**'의 의미를 가집니다.

- When you go outside, **put on** your jacket. 밖에 나갈 때 재킷을 입어.
- Can you show me how to **put on** braces?
  교정기를 어떻게 착용하는지 알려 주시겠어요?
- I can **put on** shoes all by myself. 나는 신발을 혼자 신을 수 있어.
- Don't try to **put on** a happy face. Just be yourself.
  행복한 표정 짓지 마(괜찮은 척하지 마). 그냥 너 자신으로 살아.
- Girls need some more time to **put on** makeup before they go out.
  여자들은 외출하기 전에 화장을 하느라 더 많은 시간이 필요하다.

1 I deleted the file _____. 나는 실수로 그 파일을 지웠다.

2 I found this restaurant _____. 나는 우연히 이 식당을 발견했다.

3 Please _____ your baby sister. 네 여동생을 잘 돌봐 줘.

4 You should _____ yourself more. 너는 너 자신을 더 돌봐야 한다.

5 The bridge is _____ a local hero who sacrificed their life for their country. 그 다리는 나라를 위해 목숨을 희생한 지역 영웅의 이름을 따서 명명되었다.

6 The airport is _____ a pioneering aviator who made significant contributions to the field of aviation.
그 공항은 항공 분야에 중요한 이바지를 한 선구적인 비행사의 이름을 따서 이름 지어졌다.

7 I _____ call you. 너에게 막 전화하려던 참이었다.

8 I _____ turn thirty five. 나는 막 35살이 되려고 한다.

9 I _____ the news. 나는 그 뉴스에 깜짝 놀랐다.

10 They _____ how well the task was completed.
그들은 그 일이 얼마나 잘 완료되었는지를 보고 놀랐다.

11 My girlfriend _____ my jokes. 내 여자 친구는 나의 농담에 웃었다.

ANSWERS

1. by accident | 2. by accident | 3. look after | 4. look after | 5. named after | 6. named after | 7. was about to | 8. am about to | 9. was surprised at | 10. were surprised at | 11. laughed at

⑫ Don't _____ my dream. 내 꿈을 비웃지 마.

⑬ It is _____. 이것은 판매용이다.

⑭ It is _____. 이것은 할인 판매 중이다.

⑮ The home decor items are _____ and have a unique, stylish touch. 실내 장식 품목들은 할인 중이며, 독특하고 감각이 있습니다.

⑯ The watch _____ titanium and has a sleek, modern design. 그 시계는 티타늄으로 만들어졌으며, 날렵하고 현대적인 디자인을 가지고 있다.

⑰ The ring _____ gold and has a precious gemstone in the center. 그 반지는 금으로 만들어졌고 중앙에 귀중한 원석이 있다.

⑱ The beer _____ barley and water. 맥주는 보리와 물로 만들어진다.

⑲ The book _____ recycled paper and has an eco-friendly cover. 그 책은 재활용 종이로 만들어졌고, 친환경 표지가 있다.

⑳ I _____ Albert Einstein. 나는 앨버트 아인슈타인에 대해서 좀 안다.

㉑ I have never met him but _____ him.
나는 그를 만나 본 적은 없지만, 그에 대해서 조금은 안다.

㉒ They _____ the plane crash. 그들은 그 비행기 사고를 조사했다.

㉓ I don't know but I will _____ it. 저는 잘 모르겠지만, 그것을 조사해 볼게요.

ANSWERS ··

12. laugh at | 13. for sale | 14. on sale | 15. on sale | 16. is made of | 17. is made of | 18. is made from | 19. is made from | 20. know of | 21. know of | 22. looked into | 23. look into

㉔ I _____ an old friend at the restaurant.

나는 오랜 친구를 식당에서 우연히 만났다.

㉕ I can't believe I _____ you here.

내가 여기에서 너를 마주치다니 믿을 수 없구나.

㉖ Do you know how to _____ the copy machine?

저 복사기 전원을 어떻게 켜는지 아니?

㉗ I would never _____ you. 나는 당신을 배신하지 않을 겁니다.

㉘ Why is your phone _____? 너 휴대폰은 왜 꺼져 있었어?

㉙ Her bad attitude really _____ me _____. 그녀의 안 좋은 태도가 나를 화나게 했다.

㉚ When you go outside, _____ your jacket. 밖에 나갈 때 재킷을 입어.

㉛ I can _____ shoes all by myself. 나는 신발을 혼자 신을 수 있어.

㉜ Don't try to _____ a happy face. Just be yourself.

행복한 표정 짓지 마(괜찮은 척하지 마). 그냥 너 자신으로 살아.

ANSWERS ....

24. ran into | 25. ran into | 26. turn on | 27. turn on | 28. turned off | 29. turned / off | 30. put on | 31. put on | 32. put on

■ **live on ~** ～을 주식으로 먹고 살다, ～에 의존해서 살다

뭔가에 계속 접촉(on)해서 살아간다(live)는 의미이므로 '**～을 주식으로 먹고 살다**', '**～에 의존해서 살다**'로 이해할 수 있습니다.

- We **live on** rice. 우리는 쌀을 주식으로 한다.
- They don't work anymore. They **live on** pension.
  그들은 더 이상 일하지 않는다. 그들은 연금에 의존해서(연금으로) 생활한다.
- She **lived on** some bread and a bottle of water for three days.
  그녀는 빵과 물 한 병으로 3일 동안 버텼다.

■ **on one's knees** 무릎을 꿇은

무릎들을 바닥에 접촉(on)하기 때문에 '**무릎을 꿇은**'이라는 의미가 됩니다.

- **On your knees**! 무릎 꿇어! (경찰이 하는 말)
- I was **on my knees** looking for something under the bed.
  나는 무릎을 꿇고 침대 아래의 무언가를 찾고 있었다.
- Should I get **on my knees**? 내가 무릎을 꿇어야만 하나요?

■ **stand on ~** ～에 서다

접촉(on)해서 선다(stand)가 합쳐진 말로, '**～ 위에 서다**', '**～으로 서다**'라는 의미입니다.

- I can **stand on** my hands. 나는 두 손으로 물구나무서기를 할 수 있다.
- Do you know how to **stand on** my head?
  너는 어떻게 머리로 물구나무서기를 하는지 아니?
- **Stand on** the shoulders of giants. 거인의 어깨에 올라타라.

■ **on medication** (약 등을) 복용 중인

약물 복용(medication)을 계속(on)하는 것이므로, **'약을 복용하고 있는'**이라는 의미입니다.

- Are you **on medication** now? 당신은 지금 약을 복용하고 있나요?
- He is **on medication** for his blood pressure.
  그는 혈압 때문에 약을 복용 중이다.
- She was advised to stay **on her medication** during her pregnancy.
  그녀는 임신 기간에 계속 약을 복용하라는 권고를 받았다.

■ **go off** 알람이 울리다, 폭탄이 터지다

뭔가가 분리(off)되어서 나간다(go)는 이미지이므로 **'알람이 울리다'**, **'폭탄이 터지다'**라는 의미입니다. 알람이 울리기 위해서는 소리가 알람 시계에서 분리(off)되어 나와야 하고, 폭탄은 그 자체가 터져서(off) 밖으로 파편이 나오는 것을 연상하면 됩니다. 여기서 **'자리를 뜨다'**로 확장할 수 있습니다.

- My alarm clock didn't **go off** this morning.
  나의 알람 시계가 오늘 아침에 울리지 않았다.
- The bomb **went off** around 2 AM local time on Sunday.
  지역 시간으로 일요일 새벽 2시경에 폭탄이 터졌다.
- She **went off** to get some fresh air.
  그녀는 신선한 공기를 마시기 위해서 자리를 떴다.

■ **take time off** 휴식하다, 휴직하다, 휴학하다

일상적인 일에서 시간을 따로 떼어 분리(off)시킨다는 뜻에서 **'휴식하다'**, **'휴직하다'**, **'휴학하다'**의 의미를 갖습니다.

- **Taking some time off** from a hectic work life is important for your health.

  바쁜 직장 생활에서 휴식을 취하는 것은 너의 건강에 좋다.

- I **took time off** from work to take care of my son.

  나는 내 아들을 돌보기 위해서 휴직을 했다.

- What do you do before you **take time off**?

  당신은 휴가를 내기 전에 무엇을 하나요?

■ **get off** 내리다, 나가다, 벗어나다

get은 **변화의 과정**을 나타내는 말이라서 '**이동하다**'로 표현할 수 있습니다. get off 는 이동하여(get) 무언가로부터 떨어진다(off)는 이미지입니다. 그래서 '**내리다**', '**나가다**', '**벗어나다**' 등으로 다양하게 사용됩니다.

- He **got off** the bus. 그는 버스에서 내렸다.
- You had better **get off** my lawn. 내 잔디밭에서 나가.
- Let's not **get off** the topic. 우리 주제에서 벗어나지 말자.

■ **give off** 발산하다, (냄새를) 풍기다, 내뿜다

뭔가의 부분을 떼어서(off) 준다(give)라는 이미지입니다. 그래서 빛, 열, 냄새 등을 '**내다**', '**뿜다**', '**발산하다**' 등의 의미가 됩니다.

- The sun **gives off** the light. 태양은 빛을 발산한다.
- The cheese began to **give off** a strange smell.

  그 치즈는 이상한 냄새를 풍기기 시작했다.

- The fireplace is **giving off** a lot of smoke.

  그 벽난로는 많은 연기를 내뿜고 있다.

■ **show off** 잘난 체하다, 뽐내다, 으스대다

자신에게 있는 무언가를 분리하여(off) 남에게 보여(show) 주는 이미지입니다. 그래서 '**잘난 체하다**', '**뽐내다**', '**으스대다**' 등의 부정적인 의미를 가집니다.

- Don't **show off** but impress them. 잘난 체하지 말고 그들을 감동시켜 봐.
- She likes to wear contact lenses to **show off** her eyes.
  그녀는 눈을 자랑하기 위해서 렌즈를 끼는 것을 좋아한다.
- He was so eager to **show off** his new motorcycle.
  그는 새로운 오토바이를 자랑하고 싶어 했다.

■ **see off** 배웅하다, 물리치다

떠나가는 사람을 어느 곳까지 가서 보고(see) 그 사람과 분리(off)합니다. 그래서 '**배웅하다**'라는 의미가 생깁니다. 더 나아가 '**물리치다**'라는 의미도 되는데, 이는 상대방을 어느 지점까지 가서 보고(see) 보냈다(off)라고 볼 수 있기 때문입니다.

- I went to the airport to **see him off**.
  나는 그 사람을 배웅하기 위해서 공항으로 갔다.
- I was **seeing off** my cousin. 나는 사촌을 배웅하고 있었다.
- The home team **saw off** the challenger by 3 points to 2.
  홈 팀이 도전자 팀을 3:2로 물리쳤다.
- The Korean team **saw off** Brazil. 한국 팀이 브라질 팀을 물리쳤다.

■ **take off** 빼앗다, 쉬다, 벗다, 이륙하다

뭔가를 가져서(take) 분리(off)한다는 의미에서 '**빼앗다**', 일하는 날에서 그 시간을 분리하므로 '**쉬다**', 몸에서 옷을 분리하므로 옷을 '**벗다**', 비행기가 땅에서 분리되므로 '**이륙하다**'라는 의미로 확장됩니다.

- The thieves **took off** all my valuables.

  도둑들이 나의 귀중품을 모두 훔쳐 갔다.

- The plane is about to **take off**. 비행기가 막 이륙하려고 한다.

- I had better **take** my shoes **off**. 신발을 벗어야겠다.

- My husband **took** some time **off** from work to take care of me.

  남편은 나를 돌보기 위해 회사를 잠시 쉬었다.

■ **on foot**　걸어서

우리가 걷기 위해서는 발을 지면에 붙여 걷기 때문에 접촉(on)의 의미가 필요합니다. 그래서 '**걸어서**'를 영어로 하면 '**on foot**'이 됩니다. 두 발로 걷는다고 해서 복수형을 써서 on feet이라고 하면 안 되는데, 이유는 발을 하나씩 번갈아 가며 땅에 딛기 때문입니다.

- I go to school **on foot**. 나는 걸어서 학교에 간다.

- The soldiers had to march **on foot** for miles through rough mountains.

  군인들은 험한 산을 지나 수 마일을 걸어서 행군해야 했다.

- The parade was filled with people walking **on foot**.

  그 퍼레이드는 걷는 사람들로 가득 찼다.

■ **hang up**　(전화를) 끊다

전화기가 처음 나왔을 무렵에는 벽에 전화기를 걸어 두고 있다가, 전화가 오면 벽에서 전화기를 내려서 통화를 하고 다시 위로(up) 올려 벽에 걸었습니다(hang). 여기서 유래되어 hang up은 '**전화를 끊다**'라는 의미가 됩니다.

- I accidentally **hung up** on my boss during the conference call.
  나는 상사와의 전화 회의 중에 실수로 전화를 끊었다.

- I think it's time to **hang up** and go to bed.
  전화를 끊고 자러 갈 시간인 것 같아.

- She **hung up** the phone in frustration after her long conversation with the customer service representative.
  그녀는 고객 서비스 담당자와 긴 대화를 나눈 후 좌절감에 빠져 전화를 끊었다.

■ **go through** 통과하다, 경험하다, 다 먹다

뭔가를 통과(through)해서 가는(go) 이미지이므로, '(어떤 과정을) 통과하다', '경험하다' 등의 의미가 있습니다. 뭔가를 **통과**(through)해서 가면 뭔가를 **경험하게** 되고, 끝까지 통과하므로 '다 먹다'라는 의미도 표현합니다.

- All passengers must **go through** customs.
  모든 승객은 세관을 통과해야만 한다.

- You have a lot of things to **go through** in your life.
  당신은 인생에서 경험해야 할 많은 것들이 있습니다.

- He is **going through** a very difficult time.
  그는 아주 힘든 시간을 보내고 있다.

- They **went through** the whole pizza. 그들은 피자 한 판을 다 먹었다.

■ **pull over** 정차하다, 차를 갓길에 세우다

자동차가 나오기 전의 교통수단은 마차였습니다. 마차를 세우기 위해서 마부는 자신의 어깨, 머리 위로(over) 고삐를 당겨야(pull) 했습니다. 그러면 마차는 정차하게 됩니다. 자동차가 나온 지금에도 **정차하거나 갓길에 차를 세울 때** pull over 를 씁니다.

- The police officer asked the driver to **pull over** to the side of the road.

  경찰관은 운전자에게 길가에 차를 세우라고 요구했다.

- The car started to make strange noises, so I **pulled over** to check what was wrong.

  차가 이상한 소리를 내기 시작해서 뭐가 잘못됐는지 확인하기 위해 갓길에 차를 세웠다.

- She told me to **pull over** so she could take a picture of the beautiful sunset.

  그녀는 아름다운 일몰 사진을 찍을 수 있게 차를 세우라고 말했다.

1 We _____ rice. 우리는 쌀을 주식으로 한다.

2 She _____ some bread and a bottle of water for three days.
그녀는 빵과 물 한 병으로 3일 동안 버텼다.

3 _____! 무릎 꿇어! (경찰이 하는 말)

4 Should I get _____? 내가 무릎을 꿇어야만 하나요?

5 Do you know how to _____ my head?
너는 어떻게 머리로 물구나무서기를 하는지 아니?

6 _____ the shoulders of giants. 거인의 어깨에 올라타라.

7 He is _____ for his blood pressure. 그는 혈압 때문에 약을 복용 중이다.

8 She was advised to stay _____ during her pregnancy.
그녀는 임신 기간에 계속 약을 복용하라는 권고를 받았다.

9 My alarm clock didn't _____ this morning.
나의 알람 시계가 오늘 아침에 울리지 않았다.

10 The bomb _____ around 2 AM local time on Sunday.
지역 시간으로 일요일 새벽 2시경에 폭탄이 터졌다.

ANSWERS

1. live on | 2. lived on | 3. on your knees | 4. on my knees | 5. stand on | 6. stand on |
7. on medication | 8. on her medication | 9. go off | 10. went off

⑪ I _____ from work to take care of my son.

나는 내 아들을 돌보기 위해서 휴직을 했다.

⑫ What do you do before you _____? 당신은 휴가를 내기 전에 무엇을 하나요?

⑬ You had better _____ my lawn. 내 잔디밭에서 나가.

⑭ Let's not _____ the topic. 우리 주제에서 벗어나지 말자.

⑮ The cheese began to _____ a strange smell.

그 치즈는 이상한 냄새를 풍기기 시작했다.

⑯ The fireplace is _____ a lot of smoke. 그 벽난로는 많은 연기를 내뿜고 있다.

⑰ Don't _____ but impress them. 잘난 체하지 말고 그들을 감동시켜 봐.

⑱ He was so eager to _____ his new motorcycle.

그는 새로운 오토바이를 자랑하고 싶어 했다.

⑲ I went to the airport to _____. 나는 그 사람을 배웅하기 위해서 공항으로 갔다.

⑳ The Korean team _____ Brazil. 한국 팀이 브라질 팀을 물리쳤다.

㉑ The plane is about to _____. 비행기가 막 이륙하려고 한다.

㉒ My husband _____ some time _____ from work to take care of me.

남편은 나를 돌보기 위해 회사를 잠시 쉬었다.

㉓ I go to school _____. 나는 걸어서 학교에 간다.

📺 ANSWERS ··

11. took time off | 12. take time off | 13. get off | 14. get off | 15. give off | 16. giving off |
17. show off | 18. show off | 19. see him off | 20. saw off | 21. take off | 22. took / off | 23.
on foot

24 The parade was filled with people walking _____.

그 퍼레이드는 걷는 사람들로 가득 찼다.

25 I accidentally _____ on my boss during the conference call.

나는 상사와의 전화 회의 중에 실수로 전화를 끊었다.

26 I think it's time to _____ and go to bed.

전화를 끊고 자러 갈 시간인 것 같아.

27 All passengers must _____ customs.

모든 승객들은 세관을 통과해야만 한다.

28 You have a lot of things to _____ in your life.

당신은 인생에서 경험해야 할 많은 것들이 있습니다.

29 He is _____ a very difficult time. 그는 아주 힘든 시간을 보내고 있다.

30 They _____ the whole pizza. 그들은 피자 한 판을 다 먹었다.

31 The police officer asked the driver to _____ to the side of the road.

경찰관은 운전자에게 길가에 차를 세우라고 요구했다.

32 The car started to make strange noises, so I _____ to check what was wrong.

차가 이상한 소리를 내기 시작해서 뭐가 잘못됐는지 확인하기 위해 갓길에 차를 세웠다.

ANSWERS ....

24. on foot | 25. hung up | 26. hang up | 27. go through | 28. go through | 29. going through | 30. went through | 31. pull over | 32. pulled over

to부정사(1)
to의 의미를 제대로 알자

1 'to부정사'가 만들어지는 원리

영어 문장에서 흔히 접할 수 있는 'to부정사'를 제대로 알면 영어가 상당히 쉬워집니다. 우리가 지금까지 배웠던 to부정사의 세 가지 용법(명사적 용법, 형용사적 용법, 부사적 용법)은 오히려 to부정사의 본래 의미를 보지 못하게 하고 영어의 길을 험난하게 만듭니다.

"나는 가서 논다."라는 말을 영어로 할 때 "I go and I play."라고 표현할 수 있지만, 이보다 단어 수를 덜 쓰면서 효율적으로 바꾸는 방법이 있습니다. 영어는 반복을 싫어하므로 뒤의 I를 없애고, 별 의미 없는 and를 생략한 후 go와 play 사이에 to를 넣어 "I go to play."라고 표현이 가능합니다. 그렇다면 이 문장에서 to는 어디에서 왔을까요?

전치사를 먼저 제대로 알아야 하는 이유가 바로 여기에 있습니다. **to부정사의 to**는 **'전치사 to'**에서 왔기 때문입니다.

출발점 ──────────────→ 도착지

시간의 흐름

전치사 to는 '~로', '~를 향하여'를 표현하고, **방향**을 잡고 **도착**까지' 무언가를 하는 이미지를 나타냅니다. 그러다 가만히 이 전치사의 활용을 고민해 보니 방향을 잡고 도착하기까지를 표현하므로 '**시간의 흐름**'도 나타낼 수 있다고 의미가 확장됩니다. 출발에서 도착까지는 공간상의 거리가 있고, 거기까지 도착하려면 시간의 흐름도 생기기 때문입니다. 바로 여기에서 to부정사가 탄생하게 된 것입니다.

To = 시간의 흐름

"나는 가서 논다.(I go to play.)"를 가만히 보면 ① 내가 가는 행동을 하고, ② 그런 후에 노는 것입니다. 그 사이에 **시간의 흐름**이 발생하게 됩니다. 여기서 주어 'I'는 두 동작을 동시에 할 수 없고 한 동작을 한 후에 다른 동작을 할 수 있습니다. 그래서 첫 동작 다음에 나중에 일어난 동작을 나타내기 위해 to로 연결합니다.

'부정사(不定詞)'라고 부르는 이유는 말 그대로 '의미가 정해져 있지 않기 때문'입니다. to부정사는 문장 내에서 아주 다양한 역할을 할 수 있습니다. 여기서 'to'는 앞으로 일어날 일을 나타내며, '시간의 흐름'을 의미한다는 것이 중요합니다.

> To는 '시간의 흐름'을 나타낸다.
> 'To부정사'는 시간의 흐름이 발생하는 문장에서 사용된다.

2 하나의 주체가 두 가지 동작을 하는 경우

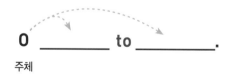

O _____ to _____.
주체

하나의 주체가 두 가지 동작을 하는 경우에는, 어떠한 행위를 한 뒤에 다른 행위를 하는 사이의 **'시간의 흐름'**을 나타내는 to부정사를 사용합니다.

- I **want to eat** pizza. 나는 피자를 먹고 싶다.
  → 피자를 먹고 싶다는 욕구가 있고, 그다음에 피자를 먹는다.

- I **have** a friend **to see**. 나는 만날 친구가 있다.
  → 친구가 먼저 있어야 내가 그를 만날 수 있다.

- I **came** here **to study**. 나는 공부하기 위해 여기에 왔다.
  → 내가 여기로 오고 난 다음 공부를 한다.

- **To see** is **to believe**. 보는 것이 믿는 것이다. (백문이 불여일견)
  → 먼저 보고 나서 믿는다, 즉 '보게 되면 믿게 된다'

- I **have** work **to do**. 나는 할 일이 있다.
  → 내가 먼저 일을 가지고 있어야 일을 할 수 있다.

- I **went** to Busan **to see** her. 나는 그녀를 보기 위해서 부산으로 갔다.
  → 내가 먼저 부산으로 가고 난 후에 그녀를 본다.

- I **came** here **to sign up** for the class. 나는 수업을 신청하러 여기에 왔다.
  → 내가 여기에 오고 난 후에 수업 신청을 한다.

- I **have** something **to drink**. 나에게 마실 것이 있다.
  → 내가 먼저 어떤 것을 가지고 있어야 마실 수 있다.

- The bridge **took** more than four years **to build**.

  그 다리는 건설하는 데 4년 이상이 걸렸다.

  → 다리에 4년 이상의 시간이 소모되고 나면 건설된다.

- I don't **want to ruin** my son by giving him a lot of money.

  나는 나의 아들에게 많은 돈을 주면서까지 아이를 망치고 싶지 않다.

  → 내가 원하는 마음이 있어야 아이를 망친다.

- You **are** the only person **to help** me. 너는 나를 도와줄 유일한 사람이다.

  → 네가 일단 있어야 나를 도울 수 있다.

- My grandmother **lived to be** 99. 나의 할머니는 99살까지 사셨다.

  → 할머니가 세월을 사시고 난 후에 99세가 되셨다.

- This **is** my friend **to sing** on the stage.

  이 사람은 무대에서 노래를 부를 내 친구이다.

  → 친구가 있어야 (그 친구가) 무대에서 노래를 부를 수 있다.

- I **woke up to find out** that it was just a dream.

  나는 잠에서 깨고 그게 단지 꿈이었다는 것을 알아차렸다.

  → 잠에서 깨고 난 후에 알아차린다.

- I **was told to go** to the customer service desk.

  고객 안내 데스크로 가라고 들었다.

  → 말을 듣고 난 후에 간다.

- This question **is** easy **to solve**. 이 문제는 풀기 쉽다.

  → 쉬운 문제가 있고 난 후에 푼다.

- He **must be** a genius **to invent** it. 그것을 발명하다니 그는 천재임에 틀림없다.

  → 그가 천재여야 그것을 발명할 수 있다.

동작이 여러 개가 되거나 주체가 늘어나도 to로 연결할 수 있습니다.

- I **pulled out** an old book from the shelf **to find** the best words **to tell** you.

  나는 너에게 말해 줄 최고의 표현들을 찾기 위해 책장에서 한 오래된 책을 꺼냈다.

  → 나는 한 오래된 책을 꺼낸다 ⇨ 최고의 표현들을 찾는다 ⇨ 너에게 말한다

- The bus **is** a good place for me **to think** and **to get around to see** Seoul.

  그 버스는 내가 생각하기에 좋은 장소이고, 서울을 돌아다니면서 구경할 수 있는 좋은 장소이다.

  → 좋은 장소인 버스가 있다 ⇨ 내가 생각하고 돌아다닌다 ⇨ 서울을 구경한다

- It **took** me a week **to decide** what **to buy** her for her birthday.

  나는 그녀의 생일을 위해 무엇을 사 줄지 결정하는 데 일주일이 걸렸다.

  → 일주일이 걸린다 ⇨ 결정한다 ⇨ 그녀에게 무엇을 사 준다

> 하나의 주체가 두 가지 동작을 하는 경우,
> to부정사를 사용해서 연결한다.

1 나는 피자를 먹고 싶다. (want, eat)

_____

2 나는 만날 친구가 있다. (have, see)

_____

3 나는 공부하기 위해 여기에 왔다. (come, study)

_____

4 보는 것이 믿는 것이다. (백문이 불여일견) (see, believe)

_____

5 나는 할 일이 있다. (have, do)

_____

6 나는 그녀를 보기 위해 부산으로 갔다. (go, see)

_____

7 나는 수업을 신청하러 여기에 왔다. (come, sign up)

_____

8 나에게 마실 것이 있다. (have, drink)

_____

ANSWERS ···

1. I want to eat pizza. | 2. I have a friend to see. | 3. I came here to study. | 4. To see is to believe. | 5. I have work to do. | 6. I went to Busan to see her. | 7. I came here to sign up for the class. | 8. I have something to drink.

9 그 다리는 건설하는 데 4년 이상이 걸렸다. (take, build)

_____

10 나는 나의 아들에게 많은 돈을 주면서까지 아이를 망치고 싶지 않다. (want, ruin)

_____

11 너는 나를 도와줄 유일한 사람이다. (only, help)

_____

12 나의 할머니는 99살까지 사셨다. (live, be)

_____

13 이 사람은 무대에서 노래를 부를 내 친구이다. (friend, stage)

_____

14 나는 잠에서 깨고 그게 단지 꿈이었다는 것을 알아차렸다. (wake up, find out)

_____

15 나는 고객 안내 데스크로 가라고 들었다. (tell, customer)

_____

16 이 문제는 풀기 쉽다. (question, solve)

_____

ANSWERS ....

9. The bridge took more than four years to build. | 10. I don't want to ruin my son by giving him a lot of money. | 11. You are the only person to help me. | 12. My grandmother lived to be 99. | 13. This is my friend to sing on the stage. | 14. I woke up to find out that it was just a dream. | 15. I was told to go to the customer service desk. | 16. This question is easy to solve.

17 그것을 발명하다니 그는 천재임에 틀림없다. (must be, invent)

_____

18 나는 너에게 말해 줄 최고의 표현들을 찾기 위해 책장에서 한 오래된 책을 꺼냈다.
(pull out, shelf, find)

_____

19 그 버스는 내가 생각하기에 좋은 장소이고, 서울을 돌아다니면서 구경할 수 있는 좋은 장
소이다. (think, get around, see)

_____

20 나는 그녀의 생일을 위해 무엇을 사 줄지 결정하는 데 일주일이 걸렸다. (take, decide)

_____

ANSWERS ···

17. He must be a genius to invent it. | 18. I pulled out an old book from the shelf to find
the best words to tell you. | 19. The bus is a good place for me to think and to get
around to see Seoul. | 20. It took me a week to decide what to buy her for her birthday.

3 주체가 둘이고, 동작도 둘인 경우

한 문장에서 어떤 동작을 하는 주체가 둘이고, 실행하는 동작도 둘인 경우, 문장 형태를 5형식 문장이라고 합니다. 5형식 문장이라고 하면 **'S+V+O+O.C(주어+ 동사+목적어+목적 보어)'**라고 배우는 경우가 대부분입니다. 그런데 '5형식 문장'을 행위를 하는 주체가 둘(사람 또는 사물)이고, 각각의 주체가 각각의 행위를 하는 것이 한 문장에서 표현된다고 이해하면 좀 더 쉽습니다. '주체1'이 어떤 행위를 한 다음에 (시간의 흐름이 있고 난 뒤) '주체2'가 다른 행위를 하는 것이죠.

01 _____ 02 to _____.
주체1   주체2

- He **advised** me **to travel** to Vietnam.
  그는 나에게 베트남으로 여행을 가라고 조언했다.
  → 그가 조언을 하고 ⇨ 나는 베트남으로 여행을 간다

- The boss **ordered** him **to work** late.
  상사는 그에게 늦게까지 일하라고 명령했다.
  → 상사가 명령한 뒤 ⇨ 그가 늦게까지 일한다

- He **wants** me **to finish** the work by today.
  그는 내가 오늘까지 일을 끝내기를 원한다.
  → 그가 원하는 마음이 있고 나서 ⇨ 내가 일을 끝낸다

- I **want** you not **to drink** soda. 나는 네가 탄산음료를 마시지 않으면 좋겠다.
  → 내가 원하는 마음이 있고 나서 ⇨ 네가 탄산음료를 마시지 않는다

- I **want** you **to come** to my office now.
  나는 네가 지금 내 사무실로 왔으면 한다. (명령)
  → 내가 원하는 마음이 있고 나서 ⇨ 네가 나의 사무실로 온다

- Do you **want** me **to wash** the dishes? 너는 내가 설거지하기를 원하니?

  → 네가 원하는 마음이 있고 나서 ⇨ 내가 설거지를 한다

- Do you **want** me **to be** with you now? 너는 내가 지금 너와 함께 있기를 원하니?

  → 네가 원하는 마음이 있고 나서 ⇨ 내가 너와 함께 있는다

- They **told** her **to wait** at the school. 그들은 그녀에게 학교에서 기다리라고 했다.

  → 그들이 말한 다음에 ⇨ 그녀가 기다린다

- My teacher **told** me **to go** to graduate school.

  나의 선생님은 나에게 대학원에 가라고 말씀하셨다.

  → 선생님이 말씀하시고 나서 ⇨ 내가 대학원에 간다

- He **ordered** us **to clean** the floor. 그는 우리에게 바닥을 닦으라고 명령했다.

  → 그가 명령하고 나서 ⇨ 우리가 바닥을 닦는다

- She **advised** me not **to believe** him. 그녀는 나에게 그를 믿지 말라고 충고했다.

  → 그녀가 충고하고 나서 ⇨ 내가 그 남자를 믿지 않는다

- My doctor **advised** me **to avoid** having junk food.

  의사가 나에게 정크푸드 먹는 것을 피하라고 충고했다.

  → 의사가 충고하고 나서 ⇨ 내가 정크푸드 먹는 것을 피한다

- My mom and dad **wanted** me **to pass** the test.

  우리 엄마와 아빠는 내가 시험에 합격하기를 원하셨다.

  → 엄마와 아빠가 원하고 나서 ⇨ 시험에 합격한다

- I **asked** my friends **to buy** some notebooks for me.

  나는 친구들에게 공책 몇 권을 사 달라고 요청했다.

  → 내가 요청한 다음에 ⇨ 친구들이 공책 몇 권을 산다

- I **asked** her **to be quiet** in the library.

  나는 그녀에게 도서관에서 조용히 해 달라고 요청했다.

  → 내가 요청한 다음에 ⇨ 그녀가 조용히 한다

- Can you **remind** me **to buy** some flowers for her birthday?

  나한테 그녀의 생일을 위해 꽃을 좀 사라고 상기시켜 줄래?

  → 네가 상기시켜 준 다음에 ⇨ 내가 꽃을 산다

- The police officer **warned** me not **to drive** fast.

  그 경찰은 나에게 빠르게 운전하지 말라고 경고했다.

  → 그 경찰이 경고한 다음에 ⇨ 내가 빠르게 운전하지 않는다

- I **need** you **to help** me. 나는 네가 나를 도와주면 좋겠어.

  → 내가 필요하다는 마음이 있고 나서 ⇨ 네가 나를 돕는다

- This **is** my dream house for us **to live in**. 이것은 우리가 살 나의 꿈의 집이다.

  → 집이 있고 난 후 ⇨ 우리가 그 안에서 산다

- They **allowed** me **to come in**. 그들이 내가 들어오도록 허락했다.

  → 그들이 허락한 후 ⇨ 내가 들어온다

- Paul **asked** the old lady **to show** him the path to the valley.

  폴은 그 노부인에게 계곡으로 가는 길을 알려 달라고 부탁했다.

  → 폴이 부탁한 후 ⇨ 노부인이 알려 준다

- My doctor **told** me **to drink** vinegar water for my high blood pressure.

  나의 의사가 나에게 고혈압을 위해 식초 물을 마시라고 했다.

  → 의사가 말한 후에 ⇨ 내가 식초 물을 마신다

- This **may have influenced** the president's decision not **to give** an order to the police.

  이것이 아마 대통령이 경찰에게 명령하지 않기로 한 결정에 영향을 주었을지도 모른다.

  → 이것이 영향을 주고 나서 ⇨ 대통령이 명령하지 않는다

> 주체가 둘이고 동작도 둘이면
> '주체2'의 행동에 to를 붙인다.
> 이를 5형식 문장이라고 한다.

④ 주체가 하나이고, 동작이 여러 개인 경우

하나의 주체가 어떤 행위를 한 다음에 다른 행위를 하고, 그 후에 또 다른 행위를 하는 것을 설명하는 형태입니다. 이는 시간의 흐름에 따라 to부정사로 이어서 말할 수 있습니다.

- They **decided to make** sandwiches **to sell** in their store **to make** money.

  그들은 가게에서 샌드위치를 만들어 팔아서 돈을 벌기로 결정했다.

  → 그들이 결정한다 ⇨ 샌드위치를 만든다 ⇨ 그들의 가게에서 판다 ⇨ 돈을 번다

- I **managed to lose** weight **to improve** my health.

  나는 건강이 나아지게 하려고 살을 빼기 위해 힘들게 노력해서 살을 뺐다.

  → 내가 힘들게 노력하고 난 후에 ⇨ 살을 빼고 ⇨ 내 건강이 나아지게 했다

- I **managed to learn to speak** English thanks to you.

  나는 네 덕분에 힘들게 노력해서 영어로 말하는 것을 배웠다.

  → 나는 힘들게 노력하고 난 후에 ⇨ 배우고 ⇨ 영어를 말한다

- I **was told to take** vitamin C **to lower** the risk of blood clots.

  나는 혈전의 위험을 줄이기 위해서 비타민 C를 복용하라고 들었다.

  → 내가 듣고 난 후에 ⇨ 비타민 C를 복용하고 ⇨ 혈전의 위험을 낮춘다

- Mothers in Guatemala **have** the legal right **to devote** one hour a day **to breastfeed** for their babies during work hours.

  과테말라의 엄마들은 근무 시간 중에 하루에 한 시간 아기에게 모유를 먹이는 데 전념할 수 있는 법적인 권리를 가지고 있다.

  → 과테말라의 엄마들은 법적인 권리를 가지고 나서 ⇨ 하루에 한 시간을 전념한다 ⇨ 근무 시간 중에 모유 수유를 한다

주체가 하나이고 동작이 여러 개인 경우,
to부정사로 연달아 이어 줄 수 있다.

---

5 주체가 여럿, 행동도 여럿인 경우

01 _____ 02 to _____ 03 to _____ .

주체1   주체2   주체3

이 문장 형태는 '주체1'이 어떤 행위를 한 다음에 '주체2'가 다른 행위를 하고, 그 후에 '주체3'이 또 다른 행위를 하는 것을 표현합니다. 주체도 여럿이고 행동도 여러 가지일 때 to부정사를 활용할 수 있습니다.

- Youtube **allows** me **to help** others **to learn** English better.

  유튜브로 나는 다른 사람들이 영어를 더 잘 배울 수 있도록 돕는다.

  → 유튜브가 허락한다 ⇨ 내가 돕는다 ⇨ 다른 사람들이 영어를 더 잘 배운다

- Do you **want** me **to help** you **to study** for the exam?

  내가 너 시험공부하는 것을 도와줄까?

  → 네가 원한다 ⇨ 내가 돕는다 ⇨ 네가 시험을 위해 공부한다

- Do you **want** me **to teach** you how **to cook**?

  내가 너에게 요리하는 법을 가르쳐 줄까?

  → 네가 원한다 ⇨ 내가 가르친다 ⇨ 네가 요리를 한다

**주체가 여럿이고 동작이 여럿인 경우,
주체와 동작을 to부정사로 이어서 문장을 길게 쓸 수 있다.**

우리말을 보고 힌트를 참고해서 영작해 보세요.

① 그는 나에게 베트남으로 여행을 가라고 조언했다. (advise, travel)

_____

② 상사는 그에게 늦게까지 일하라고 명령했다. (order, work)

_____

③ 그는 내가 오늘까지 일을 끝내기를 원한다. (want, finish)

_____

④ 나는 네가 탄산음료를 마시지 않으면 좋겠다. (want, soda)

_____

⑤ 나는 네가 지금 내 사무실로 왔으면 한다. (want, come)

_____

⑥ 너는 내가 설거지하기를 원하니? (want, wash the dishes)

_____

⑦ 너는 내가 지금 너와 함께 있기를 원하니? (want, be)

_____

⑧ 그들은 그녀에게 학교에서 기다리라고 했다. (tell, wait)

_____

ANSWERS ···

1. He advised me to travel to Vietnam. | 2. The boss ordered him to work late. | 3. He wants me to finish the work by today. | 4. I want you not to drink soda. | 5. I want you to come to my office now. | 6. Do you want me to wash the dishes? | 7. Do you want me to be with you now? | 8. They told her to wait at the school.

9 나의 선생님은 나에게 대학원에 가라고 말씀하셨다. (tell, graduate school)

_____

10 그는 우리에게 바닥을 닦으라고 명령했다. (order, clean)

_____

11 그녀는 나에게 그를 믿지 말라고 충고했다. (advise, believe)

_____

12 의사가 나에게 정크푸드 먹는 것을 피하라고 충고했다. (advise, avoid)

_____

13 우리 엄마와 아빠는 내가 시험에 합격하기를 원하셨다. (want, pass)

_____

14 나는 친구들에게 공책 몇 권을 사 달라고 요청했다. (ask, buy)

_____

15 나는 그녀에게 도서관에서 조용히 해 달라고 요청했다. (ask, quiet, library)

_____

16 나한테 그녀의 생일을 위해 꽃을 좀 사라고 상기시켜 줄래? (remind, buy)

_____

ANSWERS ··

9. My teacher told me to go to graduate school. | 10. He ordered us to clean the floor. |
11. She advised me not to believe him. | 12. My doctor advised me to avoid having junk
food. | 13. My mom and dad wanted me to pass the test. | 14. I asked my friends to buy
some notebooks for me. | 15. I asked her to be quiet in the library. | 16. Can you remind
me to buy some flowers for her birthday?

17 그 경찰은 나에게 빠르게 운전하지 말라고 경고했다. (warn, drive)

_____

18 나는 네가 나를 도와주면 좋겠어. (need, help)

_____

19 이것은 우리가 살 나의 꿈의 집이다. (dream house, live in)

_____

20 그들이 내가 들어오도록 허락했다. (allow, come in)

_____

21 폴은 그 노부인에게 계곡으로 가는 길을 알려 달라고 부탁했다.
(ask, show, path, valley)

_____

22 나의 의사가 나에게 고혈압을 위해 식초 물을 마시라고 했다.
(tell, vinegar water, blood pressure)

_____

23 이것이 아마 대통령이 경찰에게 명령하지 않기로 한 결정에 영향을 주었을지도 모른다.
(influence, give an order)

_____

ANSWERS ···

17. The police officer warned me not to drive fast. | 18. I need you to help me. | 19. This is my dream house for us to live in. | 20. They allowed me to come in. | 21. Paul asked the old lady to show him the path to the valley. | 22. My doctor told me to drink vinegar water for my high blood pressure. | 23. This may have influenced the president's decision not to give an order to the police.

24 그들은 가게에서 샌드위치를 만들어 팔아서 돈을 벌기로 결정했다.

(decide, sandwiches, make money)

_____

25 나는 건강이 나아지게 하려고 살을 빼기 위해 힘들게 노력해서 살을 뺐다.

(manage, improve)

_____

26 나는 네 덕분에 힘들게 노력해서 영어로 말하는 것을 배웠다.

(manage, learn, thank)

_____

27 유튜브로 나는 다른 사람들이 영어를 더 잘 배울 수 있도록 돕는다.

(allow, help, learn)

_____

28 내가 너 시험공부하는 것을 도와줄까? (want, help, study)

_____

29 내가 너에게 요리하는 법 가르쳐 줄까? (want, teach, cook)

_____

ANSWERS ···

24. They decided to make sandwiches to sell in their store to make money. | 25. I managed to lose weight to improve my health. | 26. I managed to learn to speak English thanks to you. | 27. Youtube allows me to help others to learn English better. | 28. Do you want me to help you study for the exam? | 29. Do you want me to teach you how to cook?

UNIT 04 to부정사(2)
to부정사 활용에 제약이 있는 동사들

① 지각동사

지각동사는 보고(시각: see, watch, look), 듣고(청각: hear, listen), 느끼는(촉각: feel, notice) 것과 관련이 있는 동사입니다. 이 동사들 뒤에는 to부정사가 올 수 없고 **동사원형, -ing(현재분사), p.p.(과거분사)** 등이 올 수 있습니다. '주체1'이 보고, 듣고, 느끼는 동안 '주체2'의 행위가 동시에 일어나는 상황이기에 '시간의 흐름'이 발생하지 않습니다. 그래서 to부정사가 올 수 없는 것입니다.

예를 들어, "나는 그가 피아노를 치고 있는 것을 봤다."를 표현할 때 "I saw him to play the piano."라고 하지 않습니다. 시간의 흐름을 의미하는 to를 넣으면 내가 보고 난 후에 그가 피아노 연주를 시작하는 것이므로, 실제로 그가 피아노를 치는 모습을 볼 수 없게 됩니다. 즉, 내가 보는 동작과 피아노를 연주하는 동작 사이에 시간의 흐름 없이 **'동시에 발생'**해야 내가 그 장면을 볼 수 있으므로, 'to'를 생략하고 '동사원형'을 씁니다.

- I saw him play the piano. [동사원형 사용]
  └ 동시에 두 사건 발생 ┘

- I saw him playing the piano. [-ing 사용]

81

동사원형 대신 playing을 쓰게 되면 **이미 연주하고 있는** **상태**를 본 것이기 때문에 그가 피아노 치는 모습을 **'잠깐 봤다'**라는 의미입니다.

"나는 내 이름이 불리는 것을 들었다."를 표현할 때 "I heard my name called." 라고 표현합니다. 여기에서는 동사원형이나 현재분사(-ing)를 쓰지 않고 call의 **과거분사(p.p.)인 called**를 사용합니다. 왜 그럴까요?

- I heard my name called. [p.p.]
  └ **동시에 두 사건 발생** ┘

어딘가에서 나의 이름이 불리는 것을 듣기 위해서는 누군가가 내 이름을 부르는 상황과 내가 듣는 상황이 동시에 발생해야 합니다.

- I heard. + My name was called.

위 두 문장이 합쳐질 때, 의미가 약한 was는 생략이 되어 "I heard my name called."라는 문장이 완성됩니다.

- I **saw** the window **broken**. 나는 창문이 깨져 있는 것을 봤다.
  → 내가 보는 동작과 창문이 깨져 있는 것에 시간의 흐름이 없다.

- He **listened** to the sound of the waves **crashing** on the shore.
  그는 파도가 해안에 부딪히는 소리를 들었다.
  → 그가 듣는 동작과 파도가 부딪히는 것이 동시에 발생한다.

- I **felt** someone **following** me. 나는 누군가가 따라오는 것을 느꼈다.
  → 내가 느끼는 것과 누군가가 나를 따라오는 상황이 동시에 발생한다.

- He **watched** the sun **setting** from his hotel room.

  그는 호텔 방에서 해가 지는 것을 보았다.

  → 그가 보는 동작과 태양이 지는 상황이 동시에 발생한다.

- She **heard** the sound of the rain **tapping** against her window.

  그녀는 빗방울이 창문을 두드리는 소리를 들었다.

  → 그녀가 듣는 동작과 빗소리가 창문을 두드리는 상황이 동시에 발생한다.

- He **noticed** a bird **building** a nest in a nearby tree.

  그는 새가 근처 나무에 둥지를 짓고 있는 것을 알아챘다.

  → 그가 알아차리는 동작과 새가 둥지를 짓는 상황이 동시에 발생한다.

> '지각동사'는 보고, 듣고, 느끼는 것과 관련 있는 동사이다.
> 지각동사가 있는 문장에는 to부정사를 사용할 수 없다.

② 사역동사

사역(事役)은 **'일을 시킴'**이라는 의미입니다. 누군가를 시켜서 어떤 행동을 하게 하는 동사, 즉 **사역동사**의 대표적인 동사는 **make, have, let**입니다.

make는 **'강제로 시키다'**라는 의미가 있습니다. 그래서 시킴을 받는 대상은 선택의 여지없이 시킨 것을 해야 합니다. 즉, 시키는 주체는 100%의 완강한 의지가 있으며, 시킴을 받는 대상은 자유 의지가 없습니다. 시킴을 받는 대상은 시간의 지체 없이 바로 해야 하므로, 시간의 흐름이 나타나지 않아서 to를 생략합니다.

have는 '강제로 시키다'라는 의미가 있지만, make와 비교하면 시키는 주체가 의지가 다소 약하고, 시킴을 받은 대상의 자유 의지가 비교적 있는 편입니다. 그렇다고 하더라도 시키면 즉시 해야 하는 동사이므로 여전히 시간의 흐름이 나타나지 않고, to를 생략합니다.

let은 의미 자체가 '**즉시 ~하게 (허락)하다**'라는 의미입니다. 그렇기에 시간의 흐름을 나타내는 to를 생략합니다.

'**had better+ 동사원형**'은 '즉시 ~해라'라는 의미이고, 명령할 때 사용합니다. had better은 '~하는 게 좋을 거야'라는 부드러운 뜻으로 보통 알고 있으나, 실은 '**즉시 ~해야 한다**'라는 의미이므로 to를 생략하고 동사원형만 써야 합니다.

예를 들어, "그는 나에게 매일 5마일을 달리라고 강제로 시켰다."라는 말을 하려면 강제로 시킨다는 의미가 있는 make를 사용합니다. 즉, **그가 강제로 시키면 나는 즉시 해야 합니다.** 그래서 시간의 흐름을 나타내는 **to를 생략**하고 "He made me run five miles every day."처럼 동사원형만 써야 합니다. 현재분사(-ing)는 '이미 달리고 있는 상태'를 나타내고 있기에 이 문장에서는 사용할 수 없습니다. 사역동사에는 반드시 동사원형을 써야 합니다.

- **This song made me feel happy.** 이 노래가 나를 행복하게 느끼게 만들었다.
  → 이 노래가 강제로 시키면 내가 즉시 행복함을 느낀다.

- **What makes you think so?** 무엇이 너를 그렇게 생각하게 만드니?
  → 무언가가 강제로 시키면 네가 즉시 그렇게 생각한다.

- **I cannot make somebody like me.**
  나는 누군가에게 나를 억지로 좋아하게 만들 수 없다.
  → 내가 강제로 시키면 누군가가 즉시 나를 좋아한다. 그러나 그렇게 할 수 없다.

- **What made him get over his fear?** 무엇이 그가 두려움을 극복하게 만들었나요?
  → 무언가가 강제로 시키면 그가 즉시 두려움을 극복한다.

- **I can make it disappear.** 나는 그것을 사라지게 만들 수 있어.
  → 내가 강제로 시키면 그것이 즉시 사라지게 할 수 있다.

- **She had me clean the bathroom.** 그녀는 내가 화장실 청소를 하도록 시켰다.
  → 그녀가 강제로 시키면 내가 즉시 화장실을 청소한다.

- **I will have him call you back.** 내가 그가 너에게 다시 전화하게 시킬게.
  → 내가 강제로 시키면 그가 즉시 너에게 전화할 것이다.

- **My teacher had me stay after class.**
  나의 선생님이 나에게 수업 후에 남으라고 하셨다(시키셨다).
  → 나의 선생님이 시켜서 나는 즉시 수업 후에 남는다.

- **She had the technician fix the computer.**
  그녀는 그 기술자가 컴퓨터를 고치게 시켰다.
  → 그녀가 시키면 기술자가 즉시 컴퓨터를 고친다.

- **My mom had me clean my room.** 엄마가 나에게 내 방을 청소하게 시키셨다.
  → 엄마가 시키면 나는 즉시 내 방을 청소한다.

- I **let** my daughter **hug** the dog. 나는 내 딸이 그 개를 껴안는 것을 허락했다.
  → 내가 허락하면 내 딸이 즉시 그 개를 껴안는다.

- (You) **Let** me **introduce** myself.
  제가 제 자신을 소개하도록 허락해 주세요.(제 소개를 하겠습니다.)
  → 상대방이 허락하면 내가 즉시 나 자신을 소개한다.

- I will **let** them **know** that you are ready.
  나는 그들이 네가 준비되어 있다는 걸 알게 할 거야.
  → 내가 허락하면 그들이 즉시 안다.

- Modern medicine **lets** us **live** longer.
  현대 의학은 우리가 더 오래 살게 해 준다.
  → 현대 의학이 하게 하면 우리는 즉시 더 오래 산다.

- (You) Do not **let** anything **disrupt** you while studying.
  공부하는 동안 어떤 것도 너를 방해하지 않게 해라.
  → 공부를 방해하는 것과 그것을 하지 못하게 하는 것이 동시에 일어난다.

- She never **lets** anyone **get** close to her.
  그녀는 누구도 그녀에게 절대 가까이 가지 못하게 한다.
  → 누군가가 그녀에게 가까이 가는 것과 그러지 못하게 하는 것이 동시에 일어난다.

- You will **let** me **know** how everything turns out, right?
  모든 일이 어떻게 되는지 알려 줄 거죠?
  → 네가 하게 하면 내가 즉시 안다.

- You **had better put** your gun down. 당장 총을 내려놔.
  → 말함과 동시에 총을 내려놓는다.

- I **had better get** going. 나는 가야겠어.
  → 말하자마자 즉시 간다.

- He **had better start** saving money if he wants to buy a house.

  만약 그가 집을 사고 싶다면 저축을 시작해야 한다.

  → 집을 사고 싶은 마음을 가짐과 동시에 저축을 시작한다.

- We **had better book** the tickets in advance to avoid the rush.

  우리는 혼잡을 피하기 위해 미리 표를 예매하는 것이 좋겠다.

  → 말함과 동시에 표를 예매한다.

이제는 사역동사에서 과거분사(p.p.)가 나오는 문장을 살펴보겠습니다. "She had the computer fixed." 이 문장에서는 fixed라는 과거분사(p.p.)가 쓰였습니다. 이 문장을 두 개의 문장으로 나눠 보면 아래와 같이 나눠집니다.

She had + the computer was fixed

그녀가 시켰다 ⇨ 그 컴퓨터는 고쳐졌다

누가 고쳤는가에 관심이 있는 것이 아니라 **컴퓨터가 누군가에 의해서 고쳐진** 그 상황을 중요하게 생각하는 문장입니다. 이 두 문장을 합치면, 그녀가 시키고 난 다음에 그 컴퓨터는 고쳐져야 하므로 시간의 흐름을 나타내는 to가 필요합니다. "She had the computer to be fixed." 그런데 have에는 강제로 시킨다는 의미가 있으므로, 시간의 흐름을 나타내지 않기 위해 'to'를 생략하고, 또한 의미가 별로 없는 'be'도 생략하여 아래와 같은 최종 문장이 나옵니다.

She had the computer fixed.

그녀는 그 컴퓨터가 (즉시) 고쳐지도록 했다.

> '사역동사'는 누군가에게 행동을 시키는 동사이다.
> 사역동사가 있는 문장에는 to부정사를 사용할 수 없다.

1 나는 창문이 깨져 있는 것을 봤다. (see, broken)

_____

2 그는 파도가 해안에 부딪히는 소리를 들었다. (listen, crashing)

_____

3 나는 누군가 따라오는 것을 느꼈다. (feel, following)

_____

4 그는 호텔 방에서 해가 지는 것을 보았다. (watch, setting)

_____

5 그녀는 빗방울이 창문을 두드리는 소리를 들었다. (hear, tapping)

_____

6 그는 새가 근처 나무에 둥지를 짓고 있는 것을 알아챘다. (notice, building, nearby)

_____

7 이 노래가 나를 행복하게 느끼게 만들었다. (make, feel)

_____

ANSWERS ....

1. I saw the window broken. | 2. He listened to the sound of the waves crashing on the shore. | 3. I felt someone following me. | 4. He watched the sun setting from his hotel room. | 5. She heard the sound of the rain tapping against her window. | 6. He noticed a bird building a nest in a nearby tree. | 7. This song made me feel happy.

8 무엇이 너를 그렇게 생각하게 만드니? (make, so)

_____

9 나는 누군가에게 나를 억지로 좋아하게 만들 수 없다. (make, like)

_____

10 무엇이 그가 두려움을 극복하게 만들었나요? (make, get over)

_____

11 나는 그것을 사라지게 만들 수 있어. (make, disappear)

_____

12 그녀는 내가 화장실 청소를 하도록 시켰다. (have, clean)

_____

13 내가 그가 너에게 다시 전화하게 시킬게. (have, call)

_____

14 나의 선생님이 나에게 수업 후에 남으라고 하셨다(시키셨다). (have, stay)

_____

15 그녀는 그 기술자가 컴퓨터를 고치게 시켰다. (have, fix)

_____

16 엄마가 나에게 내 방을 청소하게 시키셨다. (have, clean)

_____

📖 ANSWERS ···

8. What makes you think so? | 9. I cannot make somebody like me. | 10. What made him get over his fear? | 11. I can make it disappear. | 12. She had me clean the bathroom. | 13. I will have him call you back. | 14. My teacher had me stay after class. | 15. She had the technician fix the computer. | 16. My mom had me clean my room.

17 나는 내 딸이 그 개를 껴안는 것을 허락했다. (let, hug)

_____

18 제가 제 자신을 소개하도록 허락해 주세요.(제 소개를 하겠습니다.) (let, introduce)

_____

19 나는 그들이 네가 준비되어 있다는 걸 알게 할 거야. (let, know)

_____

20 현대 의학은 우리가 더 오래 살게 해 준다. (Modern medicine, live)

_____

21 공부하는 동안 어떤 것도 너를 방해하지 않게 해라. (let, disrupt, while)

_____

22 그녀는 누구도 그녀에게 절대 가까이 가지 못하게 한다. (let, get close)

_____

23 모든 일이 어떻게 되는지 알려 줄 거죠? (let, know, turn out)

_____

24 나는 가야겠어. (had better, get)

_____

25 만약 그가 집을 사고 싶다면 저축을 시작해야 한다. (had better, start)

_____

ANSWERS ....

17. I let my daughter hug the dog. | 18. (You) Let me introduce myself. | 19. I will let them know that you are ready. | 20. Modern medicine lets us live longer. | 21. (You) Do not let anything disrupt you while studying. | 22. She never lets anyone get close to her. | 23. You will let me know how everything turns out, right? | 24. I had better get going. | 25. He had better start saving money if he wants to buy a house.

③ to를 함께 사용하는 동사들

'시키다'라는 단어 중에도 **get**은 '(협상해 나가며) 시키다'라는 의미가 있어서 make, have, let과 달리 시킴을 받는 대상의 자유 의지가 어느 정도 있고, '협상해 나가는 과정'에서 시간의 흐름이 나타납니다. 그래서 to부정사를 함께 쓰게 됩니다.

아래 문장을 보면, get이라는 동사가 내가 딸에게 시키는 동작과 내 딸이 일찍 자러 가는 동작 사이에 협상의 시간이 있음을 나타내 줍니다. 더불어 시키기는 하지만 강요하지는 않는 느낌이 있습니다.

- I **got** my daughter **to go** to bed early. 나는 내 딸이 일찍 자러 가게 했다.
  → 내가 시키는 과정에서 협상을 하고 나서 ⇨ 내 딸이 일찍 자러 간다

- He **got** me **to face** my fear of public speaking.
  그는 내가 대중 연설에 대한 두려움에 직면하게 했다.
  → 그가 나에게 시키는 과정에서 협상을 하고 ⇨ 그런 후 나는 직면한다

- My mother **got** me **to try** a new food and I ended up loving it.
  엄마는 내가 새로운 음식을 먹어 보게 했고, 나는 그것을 좋아하게 되었다.
  → 엄마가 나에게 시키는 과정에서 협상을 하고 ⇨ 그런 후 나는 새로운 음식을 먹었다

- My father **got** me **to finish** law school.
  나의 아버지는 내가 법대를 마치도록 해 주셨다.
  → 아버지가 나에게 시키는 과정에서 협상을 하고 ⇨ 그런 후에 내가 법대를 마친다

force는 '(시키는 과정에서 저항을 받으며) 시키다'라는 의미입니다. 직역하면 '강요하다'이지만, 시킴을 받는 대상의 자유 의지가 높은 편이라 시키는 과정에서 '저항'을 받기도 하므로 '시간의 흐름'이 나타납니다.

- He **forced** me **to open** the door. 그는 내가 그 문을 열도록 강요했다.

  → 그가 강요한 후에 ⇨ 내가 문을 연다

- My mother **forced** me **to take** a piano lesson.

  나의 어머니는 내가 피아노 레슨을 받게 강요하셨다.

  → 나의 어머니가 강요한 후에 ⇨ 내가 피아노 레슨을 받는다

- I am not going to **force** you **to do** anything that you don't like to do.

  나는 네가 하고 싶지 않은 것은 어떤 것도 강요하지 않을 것이다.

  → 나는 강요하지 않는다 ⇨ 그 후에 너는 네가 하고 싶지 않은 것을 안 한다

enable은 '~을 할 수 있게 하다'라는 의미입니다. 어떤 것을 할 수 있게 하는 능력을 갖춘 주체가 그 행동을 하게 만드는 것이므로 시간의 흐름이 있습니다. 그래서 to부정사가 필요합니다.

- The navigator **enables** drivers **to take** the shortest route.

  그 내비게이션은 운전자들이 가장 짧은 길을 택할 수 있게 한다.

  → 내비게이션의 능력으로 하게 한 후에 ⇨ 운전자는 택한다

- The software upgrade **enables** the users **to access** new features.

  소프트웨어 업그레이드는 사용자들이 새로운 기능을 접할 수 있게 한다.

  → 소프트웨어 업그레이드가 하게 한 후에 ⇨ 사용자들이 접근한다

- The scholarship **enables** the student **to pursue** their dream of higher education.

  그 장학금은 학생들이 고등 교육의 꿈을 추구할 수 있도록 해 준다.

  → 그 장학금이 하게 한 후에 ⇨ 학생들이 꿈을 추구한다

help는 '~을 돕다'라는 의미로, **help** 다음에는 **to부정사 또는 동사원형**이 나올 수 있습니다. 시간의 흐름이 있는 to부정사를 사용하면 내가 돕고 나서 도움을 받는 대상은 좀 후에 동작을 한다는 의미입니다. 그에 반해 시간의 흐름이 있는 to를 생략하고 동사원형만 쓰면, 도움을 받는 대상은 도움을 받는 즉시 동작을 한다는 뉘앙스가 있습니다. 하지만 보통 실생활에서는 별 구별 없이 사용합니다.

- I can **help** you **to find** the book. 나는 네가 그 책을 찾는 것을 도울 수 있다.
  → 내가 도우면 그 후에 ⇨ 네가 발견한다

- I can **help** you **find** the book. 나는 네가 그 책을 찾는 것을 도울 수 있다.
  → 내가 돕는 즉시 발견한다

- The volunteer **helped** him **to plan** the fund raising event.
  그 자원봉사자는 그가 모금 행사를 계획하는 것을 도왔다.
  → 그 자원봉사자가 도운 후에 ⇨ 그가 계획한다

- I will **give** you some medicine **to help** your symptoms **get** better.
  나는 네 증상이 나아지는 걸 도와줄 약을 좀 줄 것이다.
  → 내가 너에게 약을 준 후에 ⇨ 그 약이 돕는 즉시 증상들이 나아진다

'시키다'라는 의미가 있더라도 get과 force는
to를 함께 쓸 수 있다.
help는 to를 함께 써도 되고, 쓰지 않아도 된다.

우리말을 보고 힌트를 참고해서 영작해 보세요.

① 나는 내 딸이 일찍 자러 가게 했다. (get, go to bed)

_____

② 그는 내가 대중 연설에 대한 두려움에 직면하게 했다. (get, face, public)

_____

③ 엄마는 내가 새로운 음식을 먹어 보게 했고, 나는 그것을 좋아하게 되었다.
(get, try, end up)

_____

④ 나의 아버지는 내가 법대를 마치도록 해 주셨다. (get, finish)

_____

⑤ 그는 내가 그 문을 열도록 강요했다. (force, open)

_____

⑥ 나의 어머니는 내가 피아노 레슨을 받게 강요하셨다. (force, take)

_____

⑦ 나는 네가 하고 싶지 않은 것은 어떤 것도 강요하지 않을 것이다. (force, do, anything)

_____

ANSWERS ....

1. I got my daughter to go to bed early. | 2. He got me to face my fear of public speaking. | 3. My mother got me to try a new food and I ended up loving it. | 4. My father got me to finish law school. | 5. He forced me to open the door. | 6. My mother forced me to take a piano lesson. | 7. I am not going to force you to do anything that you don't like to do.

8 그 내비게이션은 운전자들이 가장 짧은 길을 택할 수 있게 한다. (enable, take, route)

_____

9 소프트웨어 업그레이드는 사용자들이 새로운 기능을 접할 수 있게 한다.
(enable, access, features)

_____

10 그 장학금은 학생들이 고등 교육의 꿈을 추구할 수 있도록 해 준다.
(scholarship, enable, pursue, higher education)

_____

11 나는 네가 그 책을 찾는 것을 도울 수 있다. (help, find)

_____

12 그 자원봉사자는 그가 모금 행사를 계획하는 것을 도왔다. (volunteer, fund raising)

_____

13 나는 네 증상이 나아지는 걸 도와줄 약을 좀 줄 것이다. (help, symptoms, better)

_____

ANSWERS ··

8. The navigator enables drivers to take the shortest route. | 9. The software upgrade enables the users to access new features. | 10. The scholarship enables the student to pursue their dream of higher education. | 11. I can help you (to) find the book. | 12. The volunteer helped him to plan the fund raising event. | 13. I will give you some medicine to help your symptoms get better.

④ be to 용법

'be to 용법'은 'be동사+to부정사'의 형태로, 보통 '예정, 의무, 가능, 의도, 운명'의 뜻을 나타냅니다. 이런 다양한 의미가 있다고는 하지만, 이 또한 'to'가 있으므로 시간의 흐름, '미래의 느낌'을 나타내는 말인 것은 변함없습니다.

- 예정: He **is to visit** Seoul. 그는 서울을 방문할 예정이다.
- 의무: We **are to obey** our parents. 우리는 우리의 부모님을 따라야 한다.
- 가능: You **are to walk** again. 너는 다시 걸을 수 있다.
- 의도: If you **are to succeed**, you should study hard.
  만일 성공하려거든 열심히 공부해야 한다.
- 운명: He **was to be** a king of Korea. 그는 고려의 왕이 될 운명이었다.

be to를 사용한 문장들은 사실 뜻이 명확하게 정해진 것이 아닙니다. 상황에 따라 의미가 달라집니다. 예를 들어, "He is to visit Seoul."을 꼭 "그는 서울을 방문할 예정이다."라고 봐야 하는 것은 아닙니다. 상황에 따라 '방문해야 한다(의무)', '방문할 수 있다(가능)', '방문할 셈이다(의도)', '방문할 운명이다(운명)'로 볼 수도 있습니다.

"He is to visit Seoul." 이 문장만 가지고는 무슨 의도인지 명확히 알 수 없기 때문에 글쓴이가 '예정'의 의미를 보다 명확히 표현하려면, is와 to 사이에 going 을 첨가하면 됩니다. "He is going to visit Seoul."이라고 하면 **be going to ~(~할 것이다)**가 예정의 의미를 나타내기 때문에 "그는 서울을 방문할 것이다." 라는 의미를 명확하게 전달합니다.

마찬가지로, "We are to obey our parents."에서 의무의 의미를 명확히 하려면 is와 to 사이에 **required(요구되어진)**를 넣어 주면 보다 명확해집니다. "We are required to obey our parents.(우리는 우리의 부모님을 따르도록 요구된다.)"가 되는 것입니다.

"너는 다시 걸을 수 있다"를 표현하기 위해 "You are to walk again."이라고 쓰면 읽는 사람에게 혼란을 줄 수 있습니다. "가능"의 의미를 보다 명확히 하기 위해 'able(할 수 있는)'이라는 단어를 넣어서 "You are able to walk again."이라고 하면 됩니다. 'be able to ~(~ 할 수 있다)'가 있기에 아주 명확한 의미 전달이 이루어집니다.

"If you are to succeed, you should study hard." 이 문장에서 '의도'의 의미를 더 명확히 하려면 are와 to 사이에 'intended(의향을 가진)'를 넣습니다. "If you are intended to succeed, you should study hard.(네가 성공할 의도가 있다면, 너는 열심히 공부해야 한다.)"라고 하면 오해가 없어집니다.

마찬가지로 "He was to be a king of Korea.(그는 고려의 왕이 될 운명이었다.)"는 was와 to 사이에 'destined(운명지어진)'를 넣으면 "He was destined to be a king of Korea."라고 아주 명확한 문장이 만들어집니다.

> 'be to 용법'은 예정, 의무, 가능, 의도, 운명의 뜻을 가지고 있고,
> 정확한 의미는 문맥에서 유추할 수 있다.

⑤ 가주어, 진주어, 의미상 주어와 to부정사

"외국어를 배우는 것은 재미있다."는 "To learn a foreign language is fun."이라고 할 수 있는데, 실제로 원어민 중에는 이렇게 쓰는 경우가 거의 없습니다. 이 문장은 주어 부분이 상당히 깁니다. 영어라는 언어는 앞부분, 즉 주어가 긴 것을 좋아하지 않습니다. 그래서 이를 문장 뒤로 보내 버립니다.

To learn a foreign language is fun

is fun to learn a foreign language.

그런데 이렇게 되면, 동사인 'is'가 첫 번째 자리에 오게 됩니다. 동사는 문장에서 두 번째 자리에 와야 하므로, 동사 앞에 무엇이든지 하나가 붙어야 합니다. 첫 번째 자리에 올 수 있는 대명사는 I, you, we, they, he, she, it 등이 있는데, 전체적인 의미가 변하면 안 되기 때문에 가장 **의미가 가장 약한 it**을 주어 자리에 넣어 줍니다. 이때 'it'은 자리만 메우는 역할이므로 '그것'이라는 의미조차 없습니다. 그래서 가짜 주어, 즉 '**가주어**'라고 불립니다.

It is fun to learn a foreign language.
가주어   진주어

It은 주어이지만 뜻은 없고 자리만 메우는 역할로, 가짜 주어입니다. 뒤의 'to learn a foreign language'가 진짜 주어, 즉 '**진주어**'입니다.

그렇다고 주어가 긴 문장이 문법적으로 틀린 것은 아닙니다. 단지 어감 차이가 있습니다.

① **To learn a foreign language** is fun.

② **It is fun** to learn a foreign language.

위 두 문장은 우리말로 보면 같은 뜻으로 보이지만, 영어는 위치 언어이기 때문에 단어의 위치가 다르다는 것은 뭔가가 다르다는 것을 의미합니다. 영어는 보통 앞에 나오는 말이 강조되는 말입니다. 즉, ①은 **외국어를 배운다는 것에 중점**을 두고 있고, ②는 **재미있다는 것에 중점**을 두고 있습니다.

> **to부정사가 포함된 길이가 긴 주어는 문장 뒤로 보낼 수 있다.**
> **이때 쓰이는 it을 '가주어'라고 하고,**
> **뒤의 to부정사를 '진주어'라고 한다.**

그런데 위 문장들에서는 누가 외국어를 배우는지는 나타나 있지 않습니다. "내가 외국어를 배운다."라는 의미도 넣고 싶다면, 'for me', 즉 '전치사+명사'를 추가해야 합니다. 갑자기 주어나 fun을 빼고 I를 넣을 수는 없기 때문입니다.

It is fun for me to learn a foreign language.
의미상 주어

우리말에서 '은, 는, 이, 가'로 끝나는 말을 '주어'라고 하는데, 문장에서 이미 진주어, 가주어가 있으므로, for me는 **'의미상 주어'**라는 이름을 따로 붙여 줍니다. 의미상 주어에는 왜 'for'를 쓸까요? 전치사 for는 '교환'을 뜻하는 말입니다. 이 문장 구조에서는 내가 외국어를 배우면 그 과정이 나에게 재미를 준다는 의미에서 **교환**을 나타내는 **for**를 사용합니다.

- **It is $5.00 for this one.** 이것은 하나에 5달러입니다.

  → 이것 하나와 5달러를 교환할 수 있다.

- **Thank you for your service.** 당신의 서비스에 감사합니다.

  → 당신의 서비스를 받고 (교환의 의미로) 나는 당신에게 감사를 준다.

- **Give me those shoes in exchange for my pants.**

  내 바지와 교환해서 저 신발을 줘.

  → 신발과 나의 바지를 교환한다.

이제 가주어, 진주어, 의미상 주어를 포함한 다양한 예문을 알아보겠습니다.

- **It is important for us to have a right posture.**

  우리가 올바른 자세를 가지는 것은 중요하다.

- **It is essential for me to have breakfast in the morning.**

  나는 아침에 식사를 하는 것이 필수적이다.(나는 아침에 꼭 식사를 한다.)

- **It is important for you to follow the instructions closely to get the best results.**

  네가 최상의 결과를 얻기 위해서는 지시 사항을 면밀히 따르는 것이 중요하다.

- **It is not easy for him to admit when he is wrong.**

  그가 틀렸을 때 인정하기는 쉽지 않다.

- **It is necessary for me to have meaningful relationships to live a fulfilling life.**

  내가 충실한 삶을 살기 위해서는 의미 있는 관계를 맺는 것이 필요하다.

그런데 의미상 주어에 **of**를 사용하는 때가 있습니다. **사람의 성격 등을 나타내는 말**(good, kind, clever, foolish, nice, wise, careful, silly…)이 나올 때는 의미상 주어에 for 대신 of를 씁니다. 한 사람의 성격은 각 부분이 모여서 이루어지기 때문에 **부분을 나타내는 of**와 같이 쓰이는 것입니다.

• It is <u>kind</u> <u>of you</u> to say that. 네가 그렇게 말하다니 친절하다.
→ 성격 중 한 부분인 친절함을 가지고 있기 때문에 네가 그렇게 말한다.

• It is <u>clever</u> <u>of you</u> to solve the problem. 그 문제를 풀다니 너는 똑똑하다.

• It is <u>careless</u> <u>of him</u> to do that. 그가 그렇게 하다니 부주의하다.

• It is <u>wise</u> <u>of them</u> to invent the scissors.
가위를 발명하다니 그들은 현명하다.

• It was <u>kind</u> <u>of him</u> to offer his help when I needed it.
내가 도움이 필요할 때 도와주다니 그는 친절했다.

• It was <u>kind</u> <u>of him</u> to remember my birthday and send me a card.
그가 내 생일을 기억해 주고 카드를 보내준 것은 친절했다.

• It is <u>good</u> <u>of her</u> to volunteer at the local shelter on weekends.
주말마다 지역 보호소에서 자원봉사를 하다니 그녀는 좋은 사람이다.

• It was <u>good</u> <u>of her</u> to give her seat to an elderly passenger on the bus.
버스에서 나이 든 승객에게 자리를 양보하다니 그녀는 좋은 사람이었다.

• It was <u>foolish</u> <u>of him</u> to ignore the advice of experts.
그가 전문가들의 조언을 무시한 것은 어리석었다.

• It was <u>foolish</u> <u>of him</u> to leave his valuables unattended.
그가 귀중품을 방치한 것은 어리석었다.

• It was <u>wise</u> <u>of him</u> to consider the long-term effects of his actions.
그가 자신의 행동의 장기적인 영향을 고려한 것은 현명했다.

• It was <u>wise</u> <u>of him</u> to surround himself with positive people.
그가 그 자신을 긍정적인 사람들에게 둘러싸이게 한 것은 현명했다.

• It is <u>good</u> <u>of you</u> to give me a nice present.
나에게 좋은 선물을 주다니 너는 좋은 사람이야.

여기서 good은 사람의 성격, 성질을 나타낼 수도 있고, 그렇지 않은 경우도 있습니다. 예를 들어, "네가 너의 의무를 다하는 것은 좋은 일이야."를 "It is very good for you to do your duty."라고 하는데, 네가 좋은(good) 성격이라 너의 의무를 다 하는 것이 아니라, '너의 의무를 다하는 것은 좋은 일이다'라는 의미이므로 사람의 성격이나 성질을 나타내는 of를 쓰지 않습니다.

의미상 주어는 for ~, of ~만 있는 것이 아니라 주어 자리에 있지 않지만 의미적으로 '은, 는, 이, 가'가 붙으면 의미상 주어로 봅니다. 보통 준동사 앞에 위치합니다. '준동사'는 to부정사, 동사원형, 현재분사, 과거분사를 말합니다.

- **I can help you to find the book.** 나는 네가 그 책을 찾는 것을 도울 수 있다.
  의미상 주어

- **She had me clean the bathroom.** 그녀는 내가 그 화장실을 청소하도록 시켰다.
  의미상 주어

- **I'll let them know you're ready.** 나는 네가 준비되었다고 그들에게 알릴 것이다.
  의미상 주어

- **I heard my name called.** 나는 내 이름이 불리는 것을 들었다.
  의미상 주어

- **I saw him playing the piano.** 나는 그가 피아노를 치고 있는 것을 봤다.
  의미상 주어

> **의미상 주어는 for ~, of ~이외에**
> **준동사 앞에서 주체의 역할을 한다.**

우리말을 보고 힌트를 참고해서 영작해 보세요.

1 그는 서울을 방문할 예정이다. (going, visit)

_____

2 우리는 우리의 부모님을 따라야 한다. (required, obey)

_____

3 너는 다시 걸을 수 있다. (able, walk)

_____

4 만일 성공하려거든 열심히 공부해야 한다. (intended, succeed)

_____

5 그는 고려의 왕이 될 운명이었다. (destined, be)

_____

6 우리가 올바른 자세를 가지는 것은 중요하다. (important, posture)

_____

7 나는 아침에 식사를 하는 것이 필수적이다.(나는 아침에 꼭 식사를 한다.)
(essential, have)

_____

ANSWERS ....

1. He is going to visit Seoul. | 2. We are required to obey our parents. | 3. You are able to walk again. | 4. If you are intended to succeed, you should study hard. | 5. He was destined to be a king of Korea. | 6. It is important for us to have a right posture. | 7. It is essential for me to have breakfast in the morning.

8 네가 최상의 결과를 얻기 위해서는 지시 사항을 면밀히 따르는 것이 중요하다.
(important, instructions, get)

_____

9 그가 틀렸을 때 인정하기는 쉽지 않다. (easy, admit, wrong)

_____

10 내가 충실한 삶을 살기 위해서는 의미 있는 관계를 맺는 것이 필요하다.
(necessary, meaningful, fulfilling)

_____

11 네가 그렇게 말하다니 친절하다. (kind, say)

_____

12 그 문제를 풀다니 너는 똑똑하다. (clever, solve)

_____

13 그가 그렇게 하다니 부주의하다. (careless, do)

_____

14 가위를 발명하다니 그들은 현명하다. (wise, invent)

_____

15 내가 도움이 필요할 때 도와주다니 그는 친절했다. (kind, offer)

_____

ANSWERS ···

8. It is important for you to follow the instructions closely to get the best results. | 9. It is not easy for him to admit when he is wrong. | 10. It is necessary for me to have meaningful relationships to live a fulfilling life. | 11. It is kind of you to say that. | 12. It is clever of you to solve the problem. | 13. It is careless of him to do that. | 14. It is wise of them to invent the scissors. | 15. It was kind of him to offer his help when I needed it.

16 그가 전문가들의 조언을 무시한 것은 어리석었다. (foolish, ignore, experts)

_____

17 그가 귀중품을 방치한 것은 어리석었다. (foolish, leave, unattended)

_____

18 그가 자신의 행동의 장기적인 영향을 고려한 것은 현명했다.

(wise, consider, long-term effects)

_____

19 나에게 좋은 선물을 주다니 너는 좋은 사람이야. (good, give, present)

_____

20 나는 네가 그 책을 찾는 것을 도울 수 있다. (help, find)

_____

21 그녀는 내가 그 화장실을 청소하도록 시켰다. (had, clean)

_____

22 나는 네가 준비되었다고 그들에게 알릴 것이다. (let, know)

_____

23 나는 내 이름이 불리는 것을 들었다. (heard, called)

_____

ANSWERS ....

16. It was foolish of him to ignore the advice of experts. | 17. It was foolish of him to leave his valuables unattended. | 18. It was wise of him to consider the long-term effects of his actions. | 19. It is good of you to give me a nice present. | 20. I can help you to find the book. | 21. She had me clean the bathroom. | 22. I'll let them know that you're ready. | 23. I heard my name called.

동명사
동사인가? 명사인가?

1 동명사란 무엇인가?

to부정사에서 'to'는 시간의 흐름을 나타내어 기준 시점인 지금보다 앞으로 일어날 일을 나타냅니다. 그래서 "To learn English is fun."에서 'To learn English'는 '영어를 (앞으로) 배울 것'이라고 해야 정확한 표현이 됩니다. 그런데 보통 우리말로 옮길 경우 "영어를 배우는 것은 재미있다."로 번역이 되어서, '앞으로 할 것인지', '지금까지 해 왔던 것인지'를 구별하기 어렵습니다.

그러면 '지금까지 영어를 배워 오고 있는 것'은 어떻게 표현을 할까요?

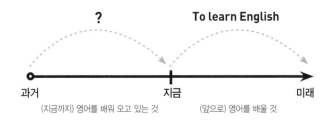

'지금까지 영어를 배워 오고 있는 것' 안에는 '**지금도 하고 있는**' 것임을 알 수 있습니다. 영어는 이것을 표현하기 위해 '**-ing**'를 사용합니다. 그래서 '지금까지 영어를 배워 오고 있는 것'은 'Learning English'로 표현하면 됩니다.

Learning English   To learn English

과거   지금   미래

(지금까지) 영어를 배워 오고 있는 것   (앞으로) 영어를 배울 것

to부정사와 -ing를 구별해 보면, "I want to learn English."는 내가 원하는 마음이 있고 나서 영어를 배우는 것이므로 "나는 영어를 배우고 싶다."이고 "I enjoy learning English."는 그동안 영어를 배워 온 경험에 따라 "나는 영어를 배우는 것을 즐긴다."라고 생각할 수 있습니다. 그래서 **to부정사를 사용하면 미래의 느낌**이 있고, **-ing는 과거의 느낌**(과거부터 지금까지 해 오고 있는 것)이 있습니다.

우리말로 '~것'으로 해석이 되면 명사로 봅니다. Learning(동사원형+ing)은 동사가 포함되어 있고 '~것(명사)'으로 해석되기 때문에 '**동명사**'라고 이름을 붙입니다. '동명사'라는 명칭에서 알 수 있듯이 동사의 성질, 명사의 성질을 모두 가지고 있습니다.

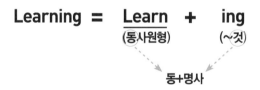

Learning = Learn + ing
(동사원형) (~것)
동+명사

> **동사에 ing를 붙인 형태이면서
> 명사의 역할을 하는 것을 '동명사'라고 부른다.**

② 예문을 통한 to부정사와 동명사의 비교

"나의 취미는 우표를 수집하는 것이다."를 영어로 표현할 때, "My hobby is <u>to collect stamps</u>."라고 하면 앞뒤가 맞지 않습니다. 취미는 앞으로 할 행위가 아니라 지금까지 해 오고 있는 것을 의미하기 때문에 "My hobby is <u>collecting stamps</u>."라고 표현해야 합니다.

- **Swimming** is my favorite activity. 수영하는 것은 내가 가장 좋아하는 활동이다.
  → 예전부터 지금까지 수영을 해 오고 있고, 그것이 내가 가장 좋아하는 활동이다.

- **To swim** in the ocean will be thrilling.
  바다에서 수영하는 것은 짜릿할 것이다.
  → 지금 생각하기에 미래에 바다에서 수영을 한다면 짜릿하겠다.

- **Drinking too much** is not good for your health.
  술을 너무 많이 마시는 것은 네 건강에 안 좋다.
  → Drinking을 썼기 때문에 예전부터 지금까지 술을 너무 많이 마셔 왔다는 의미.

- **To drink too much** is not good for your health.
  술을 너무 많이 마시는 것은 네 건강에 안 좋다.
  → 지금까지 술을 많이 마시지 않았던 사람에게 앞으로 마시지 말라고 당부하는 의미.

- My mission is **teaching English**. 내 임무는 영어를 가르치는 것이다.
  → 내 임무는 지금까지 영어를 가르쳐 온 것이고 지금도 가르치고 있다는 의미.

- My mission is **to teach English**. 내 임무는 영어를 가르치는 것이다.
  → 나의 임무는 앞으로 영어를 가르칠 것이라는 의미.

- **Getting up early in the morning** is not easy.
  아침에 일찍 일어나는 것은 쉽지 않다.
  → 과거부터 지금까지 아침에 일찍 일어나 보니까 쉽지 않았다는 의미.

- **To get up early in the morning** is not easy.
  아침에 일찍 일어나는 것은 쉽지 않다.
  → 이제부터 아침에 일찍 일어나야 하는데 걱정된다는 뉘앙스.

> **'to부정사'는 미래적인 느낌이 있고,
> '동명사'는 과거부터 지금까지 해 오고 있는 뉘앙스가 있다.**

③ 동명사와 관련된 숙어

① be good at -ing ~을 잘한다

'무언가를 잘한다(능숙하다)'라는 말은 영어로 **'be good at -ing'**입니다. 예를 들어, "그는 기타 치는 것을 잘한다."를 표현한다면 "He is good at playing the guitar."가 되는데, 전치사 'at' 뒤에는 반드시 명사가 와야 하므로 동명사를 써 줬습니다.

② look forward to -ing ~을 고대하다

'~을 고대하다'는 **'look forward to -ing'**를 씁니다. 이 표현을 가만히 살펴보면, '앞으로 앞으로 본다'라는 느낌입니다. forward는 '(넓은 범위를 가지고) ~을 향하여', to는 '(직선적인 느낌을 가지면서) ~을 향하여'라는 의미입니다. 그만큼 앞을 뚫어져라 본다는 말이어서 '~을 고대하다'라는 의미로 씁니다. 그래서 예를 들어 "I look forward to seeing you."라고 하면 "나는 너를 만나기를 고대한다." 가 됩니다. 문장에서 to가 전치사인지, to부정사의 to인지 어떻게 알 수 있을까요? 'to'가 '~을 향해서'라는 의미를 가지고 있으면 전치사입니다.

I go **to** Seoul. → 서울로 곧장 간다.
I go **for** Seoul. → 서울을 향해서 간다. (최종 목적지는 서울 근교 어딘가이다.)
I go **forward** Seoul. → 서울을 향해서 간다. (서울 방향으로 향할 뿐, 최종 목적지는 어디인지 알 수 없다.)

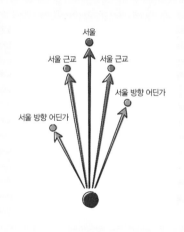

for와 **forward**는 서로 비슷한 뜻 같지만 **forward**가 좀 더 넓은 범위를 나타냅니다.

③ be used to -ing ~에 익숙하다

'~에 익숙하다'라는 말은 'be used to -ing'라고 합니다. 이 표현을 자세히 살펴보면 used(사용되어진 상태)가 과거분사로 쓰여서 '~에 사용되어진 상태로 존재하다'입니다. 예를 들어, "나는 트럭을 운전하는 것에 익숙하다."는 "I am used to driving a truck."인데, 우리말로 다르게 표현하자면 "나는 트럭을 운전하는 것으로 향해 (이미) 사용되어진 상태로 존재한다(익숙하다)."라는 말입니다.

④ be interested in -ing ~에 관심이 있다

'~에 관심이 있다'를 표현할 때 'be interested in -ing'를 사용합니다. '~에 관심을 가진 상태로 존재하다'로 볼 수 있습니다. "나는 남들을 돕는 것에 관심이 있다."라고 하려면 "I am interested in helping others."라고 합니다. 무언가에 관심을 가진다는 것은 무언가의 '안에' 푹 빠졌다는 의미이므로 전치사 in을 함께 씁니다.

⑤ be committed to -ing ~에 몰두하다, 전념하다

'~에 몰두하다, 전념하다'는 'be committed to -ing'를 사용합니다. '~로 향해

헌신 되어진 상태이다'라고 보는 것입니다. 예를 들어, "We are committed to serving our best to you."라고 하면 "우리는 최선을 다해 서비스하는 것에 전념합니다."라는 의미입니다.

⑥ object to -ing ~에 반대하다

'~에 반대하다'는 'object to -ing'라고 합니다. object 자체가 '반대하다'라는 의미이고, to 뒤에 명사나 동명사를 넣는 것으로 문장을 만들 수 있습니다. 예를 들어, "나는 이 빌딩에서 흡연하는 것에 반대한다."는 "I object to smoking in this building."라고 합니다. 여기에서 to는 전치사로, 'to smoking in this building'은 '이 빌딩 안에서 흡연하는 것으로 향해'라고 보면 됩니다.

④ 동명사와 함께 써야만 하는 동사

enjoy, avoid, mind, dislike, deny, keep, admit, finish, give up, consider, quit, postpone 등의 동사들은 모두 '지금까지 ~을 해 온 것'과 의미적으로 관련이 있는 동사들입니다. 그래서 **과거부터 지금까지 뭔가를 해 오고 있는 -ing**와 어울립니다.

enjoy(즐기다)는 어떤 것을 즐긴다고 말할 수 있으려면 예전부터 어느 정도 해 오던 것이어야 합니다. 해 보지도 않은 것을 즐길 수는 없으므로 반드시 -ing와 함께 쓰입니다.

• **I enjoy drinking** tea every morning. 나는 매일 아침 차 마시는 것을 즐긴다.

avoid(피하다), mind(싫어하다), dislike(싫어하다)도 마찬가지입니다. 무언가를 피하거나 싫어하려면 과거에 그것에 대한 안 좋은 경험이 있어야 합니다. 그러므로 -ing와 함께 쓰입니다.

- **Avoid eating** fruits before meals. 식사 전에 과일 먹는 것을 피해라.
- Do you **mind opening** the window? 너는 창문 여는 것을 싫어하니?

deny(부인하다)는 이전에 했던 일을 안 했다고 부인한다는 의미입니다. 그러므로 to부정사보다는 -ing와 어울려 쓰입니다.

- He **denied seeing** them last night. 그는 어젯밤 그들을 본 것을 부인했다.

keep(유지하다)은 예전부터 지금까지 해 오던 일을 유지한다, 즉 계속 이어서 한다는 의미이므로 -ing와 쓰입니다.

- **Keep going.** 계속 가라.

admit(인정하다)은 이전에 했던 일을 인정하는 것이므로 -ing와 쓰입니다.

- They **admitted doing** that. 그들은 그것을 했다고 인정했다.

finish(끝내다), quit(관두다), give up(포기하다)도 지금까지 해 오던 것을 끝내거나 관두거나 포기하는 것이므로 -ing와 쓰입니다.

- I finally **gave up growing** plants. 난 마침내 식물을 기르는 것을 포기했다.

⑤ to부정사와 함께 써야만 하는 동사

want, ask, agree, plan, wish, promise, expect, hope, offer, wish, refuse, choose, pretend, afford, fail 등의 동사들은 모두 '**앞으로 할 것**'과 관

련이 있는 동사들입니다. 그러므로 미래를 나타내는 'to부정사'와 함께 써야 합니다.

- I **want to eat**. 나는 먹고 싶다.
  → 앞으로 먹을 것을 원한다는 의미

- I **need to take** a rest. 나는 쉬고 싶다.
  → 앞으로 휴식을 취할 것이 필요하다는 의미

- I **hope to travel** to America. 나는 미국으로 여행을 가고 싶다.
  → 앞으로 여행할 것을 희망한다는 의미

- I **expect to see** you again. 나는 너를 다시 만나기를 기대한다.
  → 미래에 만날 것을 기대한다는 의미

- I **decided to buy** a car. 나는 차를 사기로 결정했다.
  → 미래에 살 것을 결정했다는 의미

- I **planned to visit** Los Angeles. 나는 로스앤젤레스에 방문하기로 했다.
  → 미래에 방문할 것을 계획한다는 의미

- She **failed to pass** the test. 그녀는 시험에 불합격했다.
  → fail 자체의 의미가 '~할 것을 못하다'라는 미래의 의미가 포함되어 있음

6 to부정사, 동명사 둘 다 함께 쓸 수 있는 동사

처음 만났을 때는 "만나서 반갑습니다."라고 합니다. 이때에는 미래의 느낌이 나는 to부정사를 사용해서 "It is nice to meet you."라고 합니다. 용건을 마치고 헤어지면서 "만나서 반가웠습니다."라고 할 때는 지금까지 시간을 보냈으니 과거의 느낌이 나는 -ing를 써서 "It was nice meeting you."라고 합니다. 이처럼 to부정사와 동명사의 뉘앙스만 확실히 구분한다면, 영어는 좀 더 쉬워질 것입니다.

like, love, forget, stop, regret, remember, try와 같은 동사들은 '과거부터 지금까지 쭉 해 온 것'을 나타내는 -ing와 '미래의 느낌'이 나는 to부정사를 모두 쓸 수 있는데, 이때 우리말 해석은 같더라도 실제 숨은 의미는 각각 달라집니다.

- **I like to dance.** 나는 춤추는 것을 좋아한다.
  → 나는 춤출 것을 좋아하는 것이므로 춤추고 싶다.

- **I like dancing.** 나는 춤추는 것을 좋아한다.
  → 나는 춤춰 왔던 것을 좋아하는 것이므로 원래 춤추는 것을 좋아한다.

- **I don't like** my daughter **to smoke.** 나는 내 딸이 담배 피우는 것이 싫다.
  → 나는 나의 딸이 앞으로 담배를 안 피우면 좋겠다.

- **I don't like** my daughter **smoking.** 나는 내 딸이 담배 피우는 것이 싫다.
  → 나는 나의 딸이 지금까지 담배를 피워 오고 있어서 마음이 안 좋다.

- **I stopped to make** a phone call. 나는 전화하기 위해서 멈췄다.
  → 걸어가다가 멈춰서 전화를 하기 시작한다.

- **I stopped eating** processed foods. 나는 가공 음식 먹는 것을 멈췄다.
  → 나는 지금까지 가공된 음식을 먹어 오던 것을 멈췄다.

- **I regret to say** that your grade is not good.
  네 성적이 좋지 않다는 걸 말해서 유감이다.
  → 네 성적이 좋지 않다는 걸 말하게 돼서 유감이다.

- **I regret** not **studying** hard when I was in school.
  나는 학교 다닐 때 열심히 공부하지 않은 것을 후회한다.
  → 과거에 열심히 공부하지 않은 것을 후회한다.

- I'm **trying to eat** fewer snacks and **have** regular meals.
  나는 간식을 줄이고 규칙적인 식사를 하려고 노력하고 있다.
  → (앞으로) 간식을 줄이고 규칙적인 식사를 하려고 노력한다.

- I'll **try doing yoga to help** me relax.

  나는 긴장을 풀기 위해서 요가를 시도할 것이다.

  → 여기서는 -ing를 씀으로써 요가를 예전에 해 봤다는 느낌을 드러냅니다. 그리고 앞으로 긴장을 푸는 데에 요가가 도움을 줄 것이라는 의미를 나타냅니다.

- I **forgot to set my alarm** and overslept this morning.

  나는 알람 맞추는 것을 잊어버리고 오늘 아침에 늦잠을 잤다.

  → 알람을 맞추는 시점에 앞으로 할 것(알람 맞추기)을 잊어버렸다는 의미입니다. 잊어버려서 하지 않은 행동이므로 to부정사를 씁니다.

- I will never **forget traveling** to Paris and **seeing** the Eiffel Tower for the first time.

  나는 파리로 여행 가서 처음 에펠탑을 본 것을 결코 잊지 못할 것이다.

  → 이미 여행을 했고, 에펠탑을 본 상태이므로 -ing를 사용했습니다.

⑦ 관용적으로 -ing를 쓰는 경우

주로 여가, 문화 활동에 관련된 동사들은 관용적으로 -ing와 함께 사용합니다. 대표적으로 'go -ing' 형태로 '~하러 가다'라는 표현을 흔히 씁니다.

- I **went swimming** with my friend. 나는 친구와 수영하러 갔다.
- Do you want to **go skating**? 너는 스케이트 타러 가고 싶니?
- Let's **go shopping** today. 오늘 우리 쇼핑하러 가자.
- I am going to **go camping** this weekend.

  나는 이번 주말에 캠핑하러 갈 것이다.

- I **go skiing** every winter with my family.

  나는 겨울마다 가족과 스키를 타러 간다.

- I can't **go fishing** because of my homework.

  나는 내 숙제 때문에 낚시하러 갈 수가 없다.

1 수영하는 것은 내가 가장 좋아하는 활동이다. (지금까지 수영을 해 왔다.)
(favorite, activity)

_____

2 바다에서 수영하는 것은 짜릿할 것이다. (앞으로 수영할 것이다.) (ocean, thrilling)

_____

3 내 임무는 영어를 가르치는 것이다. (지금까지 가르쳐 왔다.) (mission, teach)

_____

4 내 임무는 영어를 가르치는 것이다. (이제부터 가르칠 것이다.) (mission, teach)

_____

5 그는 기타 치는 것을 잘한다. (good, play)

_____

6 나는 너를 만나기를 고대한다. (look, see)

_____

7 나는 트럭 운전하는 것에 익숙하다. (use, drive)

_____

ANSWERS ....

1. Swimming is my favorite activity. | 2. To swim in the ocean will be thrilling. | 3. My mission is teaching English. | 4. My mission is to teach English. | 5. He is good at playing the guitar. | 6. I look forward to seeing you. | 7. I am used to driving a truck.

8 나는 남들을 돕는 것에 관심이 있다. (interest, others)

_____

9 우리는 최선을 다해 서비스하는 것에 전념합니다. (commit, serve)

_____

10 나는 매일 아침 차 마시는 것을 즐긴다. (enjoy, every morning)

_____

11 식사 전에 과일 먹는 것을 피해라. (avoid, eat)

_____

12 너는 창문 여는 것을 싫어하니? (mind, open)

_____

13 그들은 그것을 했다고 인정했다. (admit, do)

_____

14 난 마침내 식물을 기르는 것을 포기했다. (give up, grow)

_____

15 나는 먹고 싶다. (want, eat)

_____

ANSWERS

8. I am interested in helping others. | 9. We are committed to serving our best to you. |
10. I enjoy drinking tea every morning. | 11. Avoid eating fruits before meals. | 12. Do
you mind opening the window? | 13. They admitted doing that. | 14. I finally gave up
growing plants. | 15. I want to eat.

⑯ 나는 쉬고 싶다. (need, take)

_____

⑰ 나는 미국으로 여행을 가고 싶다. (hope, travel)

_____

⑱ 나는 너를 다시 만나기를 기대한다. (expect, see)

_____

⑲ 나는 차를 사기로 결정했다. (decide, buy)

_____

⑳ 나는 로스앤젤레스에 방문하기로 했다. (plan, visit)

_____

㉑ 그녀는 시험에 불합격했다. (fail, pass)

_____

㉒ 나는 춤추는 것을 좋아한다. (춤추고 싶다.) (like, dance)

_____

㉓ 나는 춤추는 것을 좋아한다. (원래 춤추는 것을 좋아한다.) (like, dance)

_____

㉔ 나는 전화하기 위해서 멈췄다. (stop, make)

_____

ANSWERS

16. I need to take a rest. | 17. I hope to travel to America. | 18. I expect to see you again. | 19. I decided to buy a car. | 20. I planned to visit Los Angeles. | 21. She failed to pass the test. | 22. I like to dance. | 23. I like dancing. | 24. I stopped to make a phone call.

25 나는 가공 음식 먹는 것을 멈췄다. (stop, processed)

_____

26 네 성적이 좋지 않다는 걸 말하게 되어서 유감이다. (regret, grade)

_____

27 나는 학교 다닐 때 열심히 공부하지 않은 것을 후회한다. (regret, study)

_____

28 나는 간식을 줄이고 규칙적인 식사를 하려고 노력하고 있다. (try, fewer, regular)

_____

29 나는 긴장을 풀기 위해서 요가를 시도할 것이다. (try, help, relax)

_____

30 나는 알람 맞추는 것을 잊어버리고 오늘 아침에 늦잠을 잤다. (forget, set, oversleep)

_____

31 나는 겨울마다 가족과 스키를 타러 간다. (go, ski)

_____

32 나는 내 숙제 때문에 낚시하러 갈 수가 없다. (go, fish, homework)

_____

ANSWERS ···

25. I stopped eating processed foods. | 26. I regret to say that your grade is not good. |
27. I regret not studying hard when I was in school. | 28. I'm trying to eat fewer snacks
and have regular meals. | 29. I'll try doing yoga to help me relax. | 30. I forgot to set my
alarm and overslept this morning. | 31. I go skiing every winter with my family. | 32. I
can't go fishing because of my homework.

과거분사 & 현재분사

동사를 활용하여 형용사를 만든다

① 과거분사 = '~된 상태'

명사에 뭔가를 덧붙여서 구체적으로 표현할 때 '형용사'가 중요한 역할을 합니다. "She is a girl.", "This is a book.", "The man is my teacher." 이 문장들에는 형용사가 없습니다. "그녀는 소녀이다.", "이것은 책이다.", "그 남자는 나의 선생님이다."라는 단순하고 밋밋한 문장입니다. 형용사의 도움을 받으면 다음과 같이 쓸 수 있습니다. "She is a pretty girl.(그녀는 예쁜 소녀이다.)", "This is a thick book.(이것은 두꺼운 책이다.)", "The handsome man is my teacher.(그 잘생긴 남자는 나의 선생님이다.)" 이렇듯 형용사의 도움으로 명사는 더 구체적이고 자세하게 표현될 수 있습니다. 그래서 영어는 풍부한 문장 표현을 위해 다양한 형용사를 많이 만들기에 힘을 씁니다.

멈춰진 (상태), 변경된 (상태), 닫힌 (상태), 첨부된 (상태) 등의 형용사를 만들기 위해서 가만히 이 단어들을 관찰해 봅니다. 아무래도 **움직이지 않는 느낌, 정적인 느낌, 과거의 느낌**이 납니다. 그러면 생각나는 동사가 있습니다. 바로 과거 동사입니다. 과거 동사의 느낌을 살려 형용사를 만들면 되겠다는 생각을 합니다.

그래서 '**~된 상태**'를 **과거 동사 모양을 그대로 따서** 씁니다. 일부 동사는 똑같지 않고 다른 모양이 되기도 하지만, 대부분 과거 동사와 같습니다. 예를 들면, 과거 동사 stopped(멈췄다)와 형용사 stopped(멈춰진 상태)가 같은 것이죠. 그리고 이 형용사를 '과거 동사(**Past** verb)의 한 부분(**Part**)을 가져와서(**ciple**=take) 만든 형용사'라고 해서 '**과거분사(Past Participle=P.P.)**'라는 이름을 붙입니다. 흔히 과거분사를 '~했었다'로 잘못 아는 경우가 많은데, 과거분사는 동사가 아니라 '형용사'라는 것을 반드시 기억해야 합니다.

■ **동사의 3단 변화(규칙 변화)**

현재 동사	과거 동사	과거분사
stop(멈추다)	stopped(멈췄다)	stopped(멈춰진 상태)
change(변경하다)	changed(변경했다)	changed(변경되어진 상태)
close(닫다)	closed(닫았다)	closed(닫힌 상태)
attach(첨부하다)	attached(첨부했다)	attached(첨부되어진 상태)

동사의 불규칙 변화가 있는데, 소위 말하는 불규칙 3단 변화를 외울 때 주의해야 할 사항이 있습니다. **come-came-come**을 '온다－왔다－왔었다'로 오해하면 안 되고 '**온다-왔다-오게 된 (상태)**'라고 이해해야 합니다. 이런 오해가 있게 된 이유는 동사의 불규칙 3단 변화에서 과거 동사 다음에 과거분사를 배치함으로써 마치 과거보다 더 이전의 사건을 표현해 주는 것처럼 유도했기 때문입니다.

이렇게 새롭게 만들어진 **형용사(~에 의해서 되어진)**는 아래와 같이 명사를 구체적으로 표현할 수 있습니다.

- This is **a changed plan**. 이것은 변경된 계획이다.
- I eat **frozen food**. 나는 얼려진 음식을 먹는다.
- I have **the attached document**. 나는 첨부된 서류를 가지고 있다.
- **The closed door** is white. 그 닫힌 문은 하얗다.
- Look at **the fallen leaves**. 저 떨어진 잎들을 봐라.
- **The torn shirt** was beyond repair. 찢어진 셔츠를 수선할 수 없었다.

- **The stolen car** was found abandoned.

  도난당한 차는 버려진 채로 발견되었다.

- **The damaged roof** was repaired by a professional.

  파손된 지붕은 전문가에 의해 수리되었다.

- **The exhausted athlete** collapsed at the finish line.

  지친 선수가 결승선에서 쓰러졌다.

- **The injured athlete** was carried off the field.

  부상당한 선수는 경기장 밖으로 실려 나갔다.

- **The lost hiker** was rescued by a search party.

  길을 잃은 등산객은 수색대에 의해 구조되었다.

- **The excited fans** cheered as their team scored the winning goal.

  흥분한 팬들은 그들의 팀이 결승 골을 넣었을 때 환호했다.

- **The embarrassed teenager** hid her face behind her hands.

  당황한 십 대는 그녀의 얼굴을 두 손 뒤로 숨겼다.(얼굴을 두 손으로 가렸다)

- **The delighted child** giggled as she played with the new toy.

  기쁜 아이는 새 장난감을 가지고 놀면서 낄낄거렸다.

- **The frozen lake** crackled under the weight of the skater.

  얼어붙은 호수가 스케이트 선수의 무게로 인해 갈라졌다.

- **The misplaced book** hid between the cushions of the sofa.

  소파 쿠션 사이에 잘못 배치된 책이 숨어 있었다.

- **The bewildered tourist** asked for directions in a foreign language.

  당황한 관광객은 외국어로 길을 물었다.

동사를 과거분사형으로 변형하면
'~된 (상태)'라는 의미의 '형용사'가 된다.

---

② 현재분사 = '~하고 있는 상태'

명사의 구체적인 표현을 위해서 다양한 형용사를 많이 만들려는 노력 가운데 '~된 (상태)'라는 의미의 형용사를 만들어 봤습니다. 이번에는 '~하고 있는 (상태)'라는 뜻의 형용사를 만들어 보기로 합니다.

여기에서 '~하고 있는'이라는 우리말을 보면, **계속하는 느낌, 뭔가를 진행하고 있는 느낌, 생동감 있는 느낌**이 납니다. **뭔가가 계속되고 있음**을 나타내는 형용사는 동사에 **ing**를 붙여서 '**~하고 있는 상태**'를 표현합니다. 그리고 이 형용사에 이름을 붙입니다. '현재 동사의 한 부분을 가져와서 만든 형용사', 줄여서 '**현재분사**'라고 합니다. 과거분사는 약칭으로 p.p.라고 불렀지만, 현재분사는 줄여서 부르지 않습니다.

이에 따라 새롭게 형용사(-ing)를 만들어 봅니다. 생동감 있는 형용사가 만들어졌습니다.

현재 동사	현재분사
run(달리다)	running(달리고 있는 상태)
cry(울다)	crying(울고 있는 상태)
go(가다)	going(가고 있는 상태)
study(연구하다)	studying(연구하고 있는 상태)
freeze(얼게 하다)	freezing(얼게 하는 상태)
fall(떨어지다)	falling(떨어지고 있는 상태)

다음 문장들에서 형용사가 없는 문장보다 일반 형용사가 있으면 명사를 좀 더 구체적으로 표현해 줄 수 있습니다. 일반 형용사 대신 현재분사를 사용하면 그 명사는 **좀 더 생동감 있고, 살아 있는 듯한 느낌**이 있는 명사가 됩니다.

형용사가 없는 문장	일반 형용사가 있는 문장	현재분사가 있는 문장
There is a man. 한 남자가 있다.	There is a tall man. 키 큰 남자가 있다.	There is a running man. 달리는 남자가 있다.
There is a girl. 한 소녀가 있다.	There is a cute girl. 귀여운 소녀가 있다.	There is a crying girl. 울고 있는 소녀가 있다.
It is water. 물이다.	It is clean water. 깨끗한 물이다.	It is boiling water. 끓는 물이다.
It is winter. 겨울이다.	It is cold winter. 추운 겨울이다.	It is freezing winter. 얼게 하는(매우 추운) 겨울이다.
Look at the leaves. 잎들을 봐.	Look at the big leaves. 큰 잎들을 봐.	Look at the falling leaves. 떨어지고 있는 잎들을 봐.

> **동사를 현재분사형으로 변형하면**
> **'~하고 있는 (상태)'라는 의미의 '형용사'가 된다.**

정리해 보면, 동사로 형용사를 만드는 방법은 두 가지가 있습니다. 현재 동사로 현재분사를 만들었고, 과거 동사로 과거분사를 만들었습니다. 즉, 현재분사, 과거분사는 형용사에 불과합니다.

그래서 '현재 동사–과거 동사–과거분사'의 3단 변화가 아니라, **'현재 동사–현재분사', '과거 동사–과거분사'**로 동사의 4단 변화표를 만들면 **현재 동사와 과거 동사에서 각각 형용사를 만들 수 있다는 것을** 명확하게 알 수 있습니다.

현재 동사	현재분사(형용사)	과거 동사	과거분사(형용사)
close	closing(닫고 있는)	closed	closed(닫힌)
stop	stopping(멈추고 있는)	stopped	stopped(멈춰진)
change	changing(변화하고 있는)	changed	changed(변화된)
attach	attaching(첨부하고 있는)	attached	attached(첨부된)
study	studying(연구하고 있는)	studied	studied(연구된)
help	helping(돕고 있는)	helped	helped(도움을 받은)
write	writing(쓰고 있는)	wrote	written(쓰인)
eat	eating(먹고 있는)	ate	eaten(먹힌)
speak	speaking(말하고 있는)	spoke	spoken(말 되어진)
give	giving(주고 있는)	gave	given(주어진)
fall	falling(떨어지고 있는)	fell	fallen(떨어진)
forget	forgetting(잊고 있는)	forgot	forgotten(잊혀진)
run	running(달리고 있는)	ran	run(달려진)

우리말을 보고 힌트를 참고해서 영작해 보세요.

1 이것은 변경된 계획이다. (change)

_____

2 나는 얼려진 음식을 먹는다. (freeze)

_____

3 나는 첨부된 서류를 가지고 있다. (attach)

_____

4 그 닫힌 문은 하얗다. (close)

_____

5 저 떨어진 잎들을 봐라. (fall)

_____

6 그 찢어진 셔츠를 수선할 수 없었다. (tear)

_____

7 도난 당한 차는 버려진 채로 발견되었다. (steal)

_____

8 파손된 지붕은 전문가에 의해 수리되었다. (damage)

_____

ANSWERS ....

1. This is a changed plan. | 2. I eat frozen food. | 3. I have the attached document. | 4. The closed door is white. | 5. Look at the fallen leaves. | 6. The torn shirt was beyond repair. | 7. The stolen car was found abandoned. | 8. The damaged roof was repaired by a professional.

9 길을 잃은 등산객은 수색대에 의해 구조되었다. (lose)

_____

10 소파 쿠션 사이에 잘못 배치된 책이 숨어 있었다. (misplace, between)

_____

11 당황한 관광객은 외국어로 길을 물었다. (bewilder, foreign, language)

_____

12 달리는 한 남자가 있다. (run)

_____

13 울고 있는 한 소녀가 있다. (cry)

_____

14 그것은 끓는 물이다. (boil)

_____

15 얼게 하는(매우 추운) 겨울이다. (freeze)

_____

16 떨어지고 있는 잎들을 봐. (fall)

_____

ANSWERS ....

9. The lost hiker was rescued by a search party. | 10. The misplaced book hid between the cushions of the sofa. | 11. The bewildered tourist asked for directions in a foreign language. | 12. There is a running man. | 13. There is a crying girl. | 14. It is boiling water. | 15. It is freezing winter. | 16. Look at the falling leaves.

UNIT 07 be와 do
동사의 종류와 쓰임 바로 알기

1 be

be는 수학 기호로는 '='를 의미하고, 영어식 표현으로는 **'존재하다'**, 한국식 표현
으로는 **'이다'**, **'있다'**로 보면 됩니다. 'be' 자체는 동사로서 쓰임이 있는 형태가 아
니라 '동사의 원형'입니다. 그런데 이 be가 주어를 만나면 오묘한 규칙을 가지고
아래와 같이 모양이 바뀝니다.

	현재 동사	과거 동사
I	am	was
you	ar**e**	wer**e**
we	ar**e**	wer**e**
they	ar**e**	wer**e**
he	i**s**	wa**s**
she	i**s**	wa**s**
it	i**s**	wa**s**

I, You, We, They는 한 그룹으로, be의 현재, 과거 동사에 한 가지 규칙성을
가지고 모습을 바꿉니다. 주어가 I일 때를 제외하고 모두 e가 붙는 것을 볼 수
있습니다. 그런데 He, She, It 그룹(3인칭 단수)은 be동사에 s가 붙습니다.

- I am Jason. 나는 제이슨으로 <u>존재한다</u>. (영어식)

  나는 제이슨<u>이다</u>. (한국식)

  I = Jason (수학 기호)

- This <u>is</u> pretty. 이것은 예쁜 상태로 <u>존재한다</u>. (영어식)

  이것은 <u>예쁘다</u>(예쁜+<u>이다</u>). (한국식)

  This = pretty (수학 기호)

> **be동사는 주어에 따라 am, are, is로 형태를 달리 한다.**

② do

초기 영어에서는 주어가 I, You, We, They이면서 일반동사로 현재를 나타낼 때는 '**do+동사원형**'의 형태로 쓰였습니다. 여기에서 'do'는 거의 의미가 없습니다. 초기 영어의 일반동사 문장은 다음과 같았습니다. 참고로 초기 영어는 고대, 중세 영어를 포함하는 말로 현대에서 쓰이는 현대 영어와 반대되는 개념입니다.

- I **do study** English. 나는 영어를 공부한다.
- You **do love** me. 당신은 나를 사랑한다.
- We **do drink** coffee. 우리는 커피를 마신다.
- They **do play** soccer. 그들은 축구를 한다.

그런데 현대에 이르러서 영어는 의미가 거의 없는 do를 생략합니다. 언어의 발전 특성상 간편하게, 짧게 쓰려는 경향이 있기 때문입니다. 그런데도 do를 생략하지 않고 사용한다면 이는 동사를 강조하기 위해서입니다.

초기 영어		현대 영어
I do study English.	→	I study English.
You do love me.	→	You love me.
We do drink juice.	→	We drink juice.
They do play soccer.	→	They play soccer.

이제는 He, She, It 그룹(3인칭 단수)을 살펴보겠습니다. 초기 영어에서는 '**does +동사원형**'의 형태로 동사 자리에 쓰였습니다. be동사에서처럼 I, You, We, They 그룹과 차별성을 두기 위해서 끝에 es를 붙여서 does라고 했습니다.

- He **does study** English. 그는 영어를 공부한다.
- She **does love** me. 그녀는 나를 사랑한다.
- It **does drink** water. 그것은 물을 마신다.

역시 시간이 흐르면서 영어는 점점 간단하게 쓰려고 합니다. 그래서 의미가 거의 없는 does를 생략합니다. 동시에 I ,You, We, They 그룹과 차별성을 두기위해 's/es'를 남겨 동사원형에 붙입니다. 물론 동사 앞에 does를 써도 문법적으로 맞습니다. does를 붙여 길게 쓴다는 것은 그 의미를 강조하기 위해서입니다.

초기 영어		현대 영어
He does study English.	→	He studies English.
She does love me.	→	She loves me.
It does drink water.	→	It drinks water.

이번에는 일반동사의 과거형은 어떻게 사용하는지 알아보겠습니다. 과거를 표현할 때는 본래 동사원형 앞에 did를 붙여 줍니다. 과거 동사는 I, You, We, They 그룹과 He, She, It 그룹을 구별하지 않습니다.

- I **did study** English. 나는 영어를 공부했다.

- You **did love** me. 당신은 나를 사랑했다.

- We **did drink** coffee. 우리는 커피를 마셨다.

- They **did play** soccer. 그들은 축구를 했다.

- He **did study** English. 그는 영어 공부했다.

- She **did love** me. 그녀는 나를 사랑했다.

- It **did drink** water. 그것은 물을 마셨다.

현대에 이르러 간편하게 쓰려는 언어의 속성상 did를 생략하고 과거 동사라는 것을 알려 주기 위해 동사 뒤에 ed를 붙여 줍니다.

초기 영어		현대 영어
I did study English.	→	I studied English.
You did love me.	→	You loved me.
We did drink coffee.	→	We drank coffee. (불규칙 변화)
They did play soccer.	→	They played soccer.
He did study English.	→	He studied English.
She did love me.	→	She loved me.
It did drink water.	→	It drank water. (불규칙 변화)

일반동사는 주어에 따라
동사원형 앞에 did를 붙였으나,
현대 영어로 오면서 생략되고 동사원형 뒤에 ed를 붙인다.

UNIT 08
의문문
평서문을 의문문으로 만드는 방법

1 의문문의 구조와 만드는 법

영어에서 평서문은 '명사＋동사＋명사/형용사' 순서로 되어 있습니다. 즉, '위치'가 정해져 있습니다. 그런데 의문문을 만들면 주어, 동사의 위치가 바뀝니다. 우리말에서 '～이니', '～하니'와 같은 의문형 어미를 써서 의문문을 만드는 것과 비교됩니다. 그렇다면 왜 의문문을 만들 때 주어, 동사의 위치를 바꾸는 걸까요?

영어에서 평서문은 안정적인 구조입니다. "You are a student."라고 말을 한 다음에, 상대방의 반응을 요구하지 않습니다. 혼잣말을 하는 것일 수도 있고, 대화 중에 대답을 하는 것일 수도 있죠. 이 문장 자체로 끝날 수 있습니다. 즉, 더 이상 앞으로 뭔가가 일어나지 않는다는 것입니다. 안정된 느낌입니다.

반면에 '의문문'은 상대방에게 대답을 요구하는 문장으로, 말을 하고 그냥 끝나는 것이 아닙니다. 즉, 의문문 자체로 상황이 끝나지 않고 다음 상황이 발생해야 하므로 불안정한 느낌입니다.

그래서 의문문을 만들 때는 문장을 불안정하게 만들어서 다음 상황이 일어나게 해 줘야 합니다. 즉, 안정적인 구조를 흔들어 줍니다. 영어는 위치를 중요하게 생각하는 언어이므로, 단어의 위치를 바꾸어 문장을 불안정하게 만듭니다.

You are a student. (안정적인 구조)
주어 동사

Are you a student? (불안정한 구조)
동사 주어

의문문은 문장 내에서 단어의 위치를 바꾸어
문장을 불안정한 구조로 만든다.

위에서 보듯이 be동사가 있는 의문문은 만드는 법이 간단합니다. 단순히 주어, 동사의 위치를 바꾸기만 하면 됩니다. 왜냐하면 초기 영어와 현대 영어의 문장 형태가 같기 때문입니다.

- **You are** hungry. → **Are you** hungry?
- **He is** a lawyer. → **Is he** a lawyer?
- **She was** my teacher. → **Was she** my teacher?

그런데 일반동사 의문문은 좀 다릅니다. 초기 영어와 현대 영어의 형태가 다르기 때문인데, 의문문은 초기 영어를 토대로 문장을 변형시킨다는 점이 중요합니다. 그래서 일반동사 의문문을 만드는 과정은 다음과 같습니다.

■ **현재 동사의 의문문**

You love me. (현대 영어)

→ You do love me. (초기 영어)

Do you love me? (의문문)

He loves me. (현대 영어)

→ He does love me. (초기 영어)

Does he love me? (의문문)

■ **과거 동사의 의문문**

You loved me. (현대 영어)

→ You did love me. (초기 영어)

Did you love me? (의문문)

He loved me. (현대 영어)

→ He did love me. (초기 영어)

Did he love me? (의문문)

의문문은 초기 영어 구조를 기초하여 만든다.

1 나는 영어를 공부한다. (현대 영어)

_____

2 당신은 나를 사랑한다. (현대 영어)

_____

3 우리는 주스를 마신다. (현대 영어) (juice)

_____

4 그들은 축구를 한다. (현대 영어) (soccer)

_____

5 그는 영어를 공부한다. (현대 영어)

_____

6 그녀는 나를 사랑한다. (현대 영어)

_____

7 그것은 물을 마신다. (현대 영어)

_____

8 나는 영어를 공부했다. (현대 영어)

_____

ANSWERS ....

1. I study English. | 2. You love me. | 3. We drink juice. | 4. They play soccer. | 5. He studies English. | 6. She loves me. | 7. It drinks water. | 8. I studied English.

9 당신은 나를 사랑했다. (현대 영어)

_____

10 우리는 커피를 마셨다. (현대 영어)

_____

11 그는 영어를 공부했다. (현대 영어)

_____

12 그들은 축구를 했다. (현대 영어) (soccer)

_____

13 너는 배고프니? (hungry)

_____

14 그는 변호사니? (lawyer)

_____

15 그녀가 나의 선생님이셨니? (teacher)

_____

16 너는 나를 사랑하니?

_____

17 너는 나를 사랑했니?

_____

ANSWERS ....

9. You loved me. | 10. We drank coffee. | 11. He studied English. | 12. They played soccer.
| 13. Are you hungry? | 14. Is he a lawyer? | 15. Was she my teacher? | 16. Do you love
me? | 17. Did you love me?

진행형
생생한 느낌을 주는 문장 만들기

UNIT 09

1 진행형의 구조와 만드는 법

보통 영어에서는 시제를 12시제로 나누어서 봅니다.

현재	과거	미래
현재 진행	과거 진행	미래 진행
현재 완료	과거 완료	미래 완료
현재 완료 진행	과거 완료 진행	미래 완료 진행

단어에서 알 수 있듯이, 진행형 문장은 상황의 생생한 느낌을 전달하고자 할 때 사용합니다. 현재분사(-ing)를 사용하여 정지되어 있지 않고 움직이는 느낌이 납니다. 현재 동사와 함께 있으면 현재 진행형, 과거 동사와 함께 있으면 과거 진행형이라고 합니다.

- ~하고 있다: 현재 진행형 (am/are/is+-ing)
- ~하고 있었다: 과거 진행형 (was/were+-ing)
- ~하고 있을 것이다: 미래 진행형 (will be+-ing)

"나는 먹고 있다."라는 현재 진행형 문장을 만들기 위해서 문장을 분석해 보겠습니다. '먹고 있는'에 '이다'가 합쳐져 있음을 알게 됩니다. 이를 그대로 영어로 옮기면 **'eating be'**가 됩니다. 그런데 영어는 동사가 형용사의 앞에 와야 하므로 **'be eating'**이라고 하면 됩니다. be동사는 주어에 따라 모양이 달라지기 때문에 주어가 I인 경우 be동사는 am이 되어, 최종적으로 **"I am eating."**이 되는 것입니다.

진행형 문장은 다른 시제에 비해 생생한 느낌이 있습니다. 현재 시제만 쓰면 과거, 현재, 미래까지를 포함하는 일반적인 표현입니다. 하지만 진행형 문장은 '바로 지금'에만 집중합니다.

- I <u>have</u> breakfast every day. 나는 매일 아침을 <u>먹는다</u>. (현재 시제)
- I <u>am having</u> breakfast now. 나는 지금 아침을 <u>먹고 있다</u>. (현재 진행 시제)

- I <u>read</u> a book every week. 나는 매주 책 한 권을 <u>읽는다</u>. (현재 시제)
- I <u>am reading</u> a book now. 나는 지금 책 한 권을 <u>읽고 있다</u>. (현재 진행 시제)

- He <u>studied</u> for the final exam yesterday.
  그는 어제 기말 시험을 위해 <u>공부했다</u>. (과거 시제)
- He <u>was studying</u> for the final exam yesterday.
  그는 어제 기말 시험을 위해 <u>공부하고 있었다</u>. (과거 진행 시제)

- I <u>wrote</u> my first novel last year. 나는 작년에 내 첫 번째 소설을 <u>썼다</u>. (과거 시제)
- I <u>was writing</u> my first novel. 나는 내 첫 번째 소설을 <u>쓰고 있었다</u>. (과거 진행 시제)

> **진행형은 'be+-ing'로 표현한다.**
> **계속되는 것이 아니라 일시적인 상황이나 동작에 사용한다.**

② 진행형을 만들 수 없는 경우

대부분의 동사는 진행형으로 만들 수 있지만, 그렇지 않은 동사들도 있습니다. 동사 have는 무언가를 **가지고 있는 행위**를 의미합니다. 이미 소유하고 있는 상태이므로 **일시적인 느낌이 드는 진행형**을 쓰지 않습니다. 그래서 "I am having a car.(나는 차 한 대를 가지고 있는 중이다.)"라는 표현은 상당히 어색합니다. 반면에, "I am having lunch.(나는 점심을 먹고 있다.)"에서 점심을 먹는 행위는 일시적인 행위이므로, 이런 경우에는 진행형이 가능합니다.

아래의 예문에서도 '가지고 있다'를 표현할 때, 진행형으로 쓰지 않습니다.

- **Do you have a cell phone?** 너 휴대폰 가지고 있니?
  - Yes, I **have** a cell phone. 응, 난 휴대폰 가지고 있어.
  - Yes, I **am having** a cell phone. 응, 난 휴대폰 가지고 있는 중이야. (×)

have는 의미를 파악할 때 주의해야 합니다. "I have a car."는 이미 자동차를 가지고 있다고 봐야 합니다. '~하고 있다'라고 해서 'be+-ing'를 쓰지 않습니다.

have는 '먹고 있다'라고 할 때는 진행형으로 쓸 수 있다고 했습니다. 진행형이 가능한 또 하나의 예로, '즐거운 시간을 보내고 있다'라고 할 때입니다. 어떠한 시간을 보내는 것은 오랫동안이 아니라 일시적인 느낌이 있습니다. 이처럼 오래 지속될 것이 아닌 일시적인 느낌이 있을 때 have를 진행형으로 쓸 수 있습니다.

- **Are you having a good time?** 너는 좋은 시간을 가지고(보내고) 있니?
  - Yes, I **am having** a good time now. 응, 나는 지금 즐거운 시간을 보내고 있어.

- I **have** a serious problem. 나는 심각한 문제를 가지고 있다. (한동안 지속될 문제)
- I **am having** a serious problem.
  나는 심각한 문제를 가지고 있는 중이다. (일시적인 문제)

- I **have** a baby. 나는 아기를 가지고 있다(아기를 키우고 있다).
- I **am having** a baby. 나는 아기를 가지고 있는 중이다. (잠깐 가지고 있는 것이므로 임신 중)

이처럼 문맥에 따라 진행형의 여부가 결정되기 때문에, 어떤 동사는 진행형이 되고 어떤 동사는 안 된다는 식으로 외우는 것보다 문맥을 살펴보는 것이 좋습니다.

- It **tastes** good. 그것은 맛있다.
- It **is tasting** good. (×) (맛이 일시적으로 잠시 좋을 수는 없음)
- My mom **is tasting** the soup. 우리 엄마는 그 국을 맛보고 계신다.

- What do you **think** of your company? 너희 회사에 대한 견해는 무엇이니?
- What **are** you **thinking** of your company? (×)
  (견해는 평소의 생각이지, 일시적인 생각이 아니므로 진행형을 쓰지 않음)
- What **are** you **thinking** about now?
  너 지금 무슨 생각을 하고 있니? (잠시 생각에 잠긴 친구에게)

- I **see** what you want to say. 나는 네가 뭘 말하고 싶어 하는지 알겠다.
- I **am seeing** your eyes. 나는 너의 눈을 보고 있다. (지금 일시적으로 눈을 보고 있음)

- I **know** what you want to say. 나는 네가 뭘 말하고 싶어 하는지 알겠다.
- I **am knowing** what you want to say. (×) (잠깐 알다가 모르게 될 수는 없음)

- I **work** for the company. 나는 그 회사를 위해 일한다(나는 그 회사에 다닌다).
- I am **working** for the company. 나는 잠시 그 회사에서 일하고 있다.

- It **smells** good. 냄새가 좋다.
- It **is smelling** good. (×) (좋은 냄새가 갑자기 안 좋게 변할 수는 없음)
- I am **smelling** the flowers. 나는 그 꽃들의 냄새를 맡고 있다.

- I **weigh** 70kg. 나는 몸무게가 70kg 나간다.
- I am **weighing** 70kg. (×) (지금 몸무게가 70kg인데 갑자기 몸무게가 변할 수 없음)
- The farmer **is weighing** the apples.
  그 농부는 지금 사과들의 무게를 재는 중이다.

- I **love** you. 나는 너를 사랑한다. (지금뿐만이 아니라, 예전부터 앞으로도 사랑하겠다는 의미)
- I am **loving** you. (×) (사랑하는 마음이 잠시 후에 사라질 수는 없음)

맥도날드 매장에 가면 "I am loving it."이라는 말을 볼 수 있습니다. 분명히 love는 진행형을 쓰지 않는다고 했는데, 어떻게 된 일일까요? 원어민들은 이 문장을 봤을 때 "왜 이런 틀린 표현을 쓰지? 참 희한하네!"라는 반응을 보였을 겁니다. 평소 쓰는 표현이 아니기 때문입니다. 그래서 그 구절을 한 번 더 보게 되고 여기저기에 얘기했을 겁니다. 바로 이 점을 노린 것입니다. 광고 효과이죠. 광고는 소비자의 머릿속에 오래 남게 하는 것이 목적이기 때문입니다.

- I am **happy**. 나는 행복하다. (바로 이 순간만이 아니라, 이전부터 이후까지 행복할 거라는 의미)

- What do you **do**? 당신은 뭐 하세요?(당신의 직업은 무엇입니까?)
- I **play** the piano. 저는 (직업으로) 피아노를 칩니다.
  (직업은 잠깐 있는 것이 아니라 계속 있는 것이므로 현재 시제 사용)

• What **are** you **doing** now? 너는 지금 뭐 하고 있니?

• I **am playing** the piano now. 나는 지금 피아노를 치고 있다.

• The earth **moves** around the sun. 지구는 태양 주위를 돈다.
(예전부터 앞으로도 도는 것이므로 현재 시제 사용)

이미 그러한 상태를 나타내는 동사는
굳이 진행형을 쓰지 않아도 현재 진행의 의미를 나타낸다.

1. 나는 매일 아침을 먹는다. (have, breakfast)

_____

2. 나는 지금 아침을 먹고 있다. (have)

_____

3. 나는 매주 책 한 권을 읽는다. (read)

_____

4. 나는 지금 책 한 권을 읽고 있다. (read)

_____

5. 그는 어제 기말 시험을 위해 공부했다. (study, final exam)

_____

6. 그는 어제 기말 시험을 위해 공부하고 있었다. (study, final exam)

_____

7. 나는 작년에 내 첫 번째 소설을 썼다. (write, novel)

_____

8. 나는 내 첫 번째 소설을 쓰고 있었다. (write, novel)

_____

ANSWERS

1. I have breakfast every day. | 2. I am having breakfast now. | 3. I read a book every week. | 4. I am reading a book now. | 5. He studied for the final exam yesterday. | 6. He was studying for the final exam yesterday. | 7. I wrote my first novel last year. | 8. I was writing my first novel.

9 나는 심각한 문제를 가지고 있다. (한동안 지속될 문제) (have, serious)

_____

10 나는 심각한 문제를 가지고 있는 중이다. (일시적인 문제) (have, serious)

_____

11 그것은 맛있다. (taste)

_____

12 우리 엄마는 그 국을 맛보고 계신다. (taste, soup)

_____

13 너희 회사에 대한 견해는 무엇이니? (think, company)

_____

14 너 지금 무슨 생각을 하고 있니? (think)

_____

15 나는 너의 눈을 보고 있다. (see, eyes)

_____

16 나는 네가 뭘 말하고 싶어 하는지 알겠다. (see)

_____

17 나는 그 회사를 위해 일한다(나는 그 회사에 다닌다). (work)

_____

ANSWERS ....

9. I have a serious problem. | 10. I am having a serious problem. | 11. It tastes good. |
12. My mom is tasting the soup. | 13. What do you think of your company? | 14. What are
you thinking about now? | 15. I am seeing your eyes. | 16. I know what you want to say. |
17. I work for the company.

18 나는 잠시 그 회사에서 일하고 있다. (work)

_____

19 냄새가 좋다. (smell)

_____

20 나는 그 꽃들의 냄새를 맡고 있다. (smell)

_____

21 나는 몸무게가 70kg 나간다. (weigh)

_____

22 그 농부는 지금 사과들의 무게를 재는 중이다. (farmer, weigh)

_____

23 당신은 뭐 하세요?(당신의 직업은 무엇입니까?) (do)

_____

24 저는 (직업으로) 피아노를 칩니다. (play)

_____

25 너는 지금 뭐 하고 있니? (do)

_____

ANSWERS ....

18. I am working for the company. | 19. It smells good. | 20. I am smelling the flowers. |
21. I weigh 70kg. | 22. The farmer is weighing the apples. | 23. What do you do? | 24. I
play the piano. | 25. What are you doing now?

UNIT 10 · 현재 완료

과거의 일이 현재까지 영향을 미칠 때

1 현재 완료의 쓰임과 의미

'현재 완료' 시제는 'have/has+p.p.' 형태로 씁니다. 이 시제는 과거에 시작된 동작이나 상태가 현재까지 영향을 미칠 때 사용합니다. 즉, 어떤 한 사건의 '한 점'이 아니라 쭉 이어지는 '선의 느낌'을 가지는 시제입니다. 우리말에서는 보기 어려운 표현 방법입니다. 보통 우리는 현재 완료를 해석할 때, 네 가지 용법(완료, 경험, 결과, 계속적 용법)을 이야기합니다만, 이는 현재 완료를 제대로 이해하기에 다소 어려운 부분이 있습니다.

원어민들이 생각하는 방식으로 이해해 봅시다. "I <u>have</u> a car."는 "나는 차 한 대를 <u>가지고 있다</u>."라고 해석합니다. 그러면 "I <u>have eaten pizza</u>."는 어떻게 해석할까요? 현재 완료의 네 가지 용법은 생각하지 않아도 됩니다. 앞서서 p.p.는 '~되어진 상태'라고 했는데, 이 p.p.가 have를 만나면 '**~한 상태**'라고 의미가 능동적으로 바뀝니다. have는 '가지고 있다'라는 의미이므로, 직역하면 "**나는 피자를 먹은 상태를 <u>가지고 있다.</u>**"가 됩니다. 이 문장은 직역의 의미뿐 아니라 다양한 뉘앙스를 내포할 수 있습니다.

그럼 여기서 생각해 볼 수 있는 상황은,
① (나는 피자를 먹어서) 지금 배가 부르다.
② (피자를 더 먹겠냐는 상대방의 말에) 배불러서 먹지 않겠다.

③ 방금 막 피자를 먹었다. (피자를 먹은 것을 끝냈다는 의미)

④ 다른 음식이 아닌 '피자'를 먹었다. (강조의 의미)

⑤ '먹었다'라는 말을 생동감 있게 표현하려고

이와 같이 다양하게 나타낼 수 있는 표현법이 바로 **'현재 완료'**입니다.

다음 예문들에서 '단순 과거'와 '현재 완료'를 비교해서 살펴보겠습니다.

- **I loved** her. 나는 그녀를 사랑했다.
  → 과거에 사랑한 것은 사실이지만, 지금 그 마음이 남아 있는지는 알 수 없습니다.

- **I have loved** her. 나는 그녀를 사랑한 상태를 가지고 있다.
  → 과거에 그녀를 사랑했고, 사랑하는 상태(loved)를 가지고(have) 있으므로 아직도 사랑하는 마음이 있다는 말입니다.

- **I saw** her. 나는 그녀를 봤다.
  → 과거에 그녀를 봤다는 사실만을 표현합니다.

- **I have seen** her. 나는 그녀를 본 상태를 가지고 있다.
  → 그녀를 그때 본 기억이 머릿속에 남아 있습니다. 단순 과거(saw)를 사용했을 때보다는 생생한 느낌이 있습니다.

- **I learned** German. 나는 독일어를 배웠다.
  → 독일어를 배운 단순 사실만을 말합니다. 독일어가 기억에 남아 있는지는 알 수 없습니다.

- **I have learned** German. 나는 독일어 배운 상태를 가지고 있다.
  → 배운 독일어가 아직 머릿속에 남아 있어, 독일어를 말할 줄 안다는 의미입니다.

- **I finished** my homework. 나는 내 숙제를 끝냈다.

- **I have finished** my homework. 나는 내 숙제를 끝낸 상태를 가지고 있다.
  → 숙제를 끝낸 상태를 가지고 있다는 말은 끝낸 상태를 생동감 있게 표현하는 것이기도 하고, 강조하는 느낌도 있습니다.

- I **watched** the movie. 나는 그 영화를 봤다.
- I **have watched** the movie. 나는 그 영화를 본 상태를 가지고 있다.
  - → 그 영화를 재미있게 봤다고 강조하는 느낌이 있습니다. 또는 예전에 그 영화를 봤는데 기억에 남아 있다는 생동감을 표현하기도 하고, 그 영화를 본 적이 있다고 말하는 것일 수도 있습니다. 문맥에 따라 여러 가지를 표현할 수 있습니다.

- I **lost** my watch. 나는 내 시계를 잃어버렸다.
- I **have lost** my watch. 나는 내 시계를 잃어버린 상태를 가지고 있다.
  - → 시계를 잃어버린 상태를 가지고 있으므로, 아직 찾지 못했다는 말입니다.

- I **lived** in several different countries. 나는 몇몇 다른 나라에서 살았다.
- I **have lived** in several different countries.
  나는 몇몇 다른 나라에서 산 상태를 가지고 있다.
  - → 다른 나라에서 산 상태를 가지고 있으므로 그 나라에 대해 좀 안다는 뉘앙스가 있습니다. 쭉 그 나라에서 살았다는 의미가 될 수도, 살아 봤다는 경험을 말하는 의미가 될 수도 있습니다.

- Spring **came**. 봄이 왔다.
- Spring **has come**. 봄이 온 상태를 가지고 있다.
  - → 단지 봄이 왔다(came)고 해도 되는데 굳이 가지고 있다(have)라고 하는 건, 봄을 기다리고 있었는데 와서 기쁘다는 기분을 생동감 있게 표현하는 것입니다. 지금 봄이 온 상태라는 것을 표현하기도 합니다.

- She **went** to Alaska. 그녀는 알래스카로 갔다.
  - → 그녀가 알래스카로 간 사실만 명시할 뿐, 한국에 돌아왔는지, 혹은 지금 어디에 있는지조차 알 수 없습니다.
- She **has gone** to Alaska. 그녀는 알래스카로 간 상태를 가지고 있다.
  - → 그녀가 알래스카로 간 상태(gone)를 가지고 있으니, 알래스카로 떠나서 아직 한국으로 돌아오지 않은 상황입니다. have gone은 주어로 I나 You를 쓸 수 없습니다. '나/너'가 알래스카에 가 버린 상태를 가지고 있다고 말하는 것은 맞지 않는 말입니다.
- I **have been** to Alaska. 나는 알래스카에 있었던 상태를 가지고 있다.
  - → 내가 알래스카에 존재한(been) 상태를 가지고 있다는 말은, 알래스카에 가 본 적이 있다는 의미입니다. 어딘가에 가 본 적 있다고 말할 때는 gone 대신 been을 사용합니다.

'현재 완료'는 'have+p.p.'의 형태이다.
단순히 과거의 사실을 말하는 것이 아니라
어떤 상태를 가지고 있다는 말로, 다양한 의미를 내포한다.

과거 완료
과거의 일보다 더 이전의 일을 말할 때

1 과거 완료의 쓰임과 의미

'과거 완료' 시제는 'had+p.p.'의 형태로 쓰입니다. 과거 완료를 '대과거'라고 표현하기도 합니다. 과거의 두 사건이 있을 때 **과거의 한 사건보다 더 이전에 일어난 사건**을 표현할 때 사용합니다.

• I **had already read** the book before the movie **came out**.
나는 그 영화가 나오기 전에 이미 그 책을 읽었다.

앞서 현재 완료의 의미를 정확히 이해했다면, 이 문장도 이해하기 어렵지 않습니다. 원어민들의 관점에서 이 문장을 보면, "나는 그 영화가 나오기 전에 이미 그 책을 읽은 상태를 가지고 있었다."가 됩니다. 영화가 나온 것보다 책을 먼저 읽었기 때문에 'had+p.p.'를 썼습니다.

• By the time she **arrived** at the party, most of the guests **had already left**.
그녀가 파티에 도착했을 때, 대부분의 손님들은 이미 떠난 상태를 가지고 있었다.
→ 그녀가 도착하기 전에 대부분의 손님들이 먼저 떠났다는 것을 표현합니다.

• He **had finished** his project before **the deadline**.
그는 마감일 전에 프로젝트를 끝낸 상태를 가지고 있었다.
→ 마감일 전에 그가 프로젝트를 먼저 끝냈음을 나타냅니다.

- When we **arrived** at the airport, the flight **had already departed**.

  우리가 공항에 도착했을 때, 비행기는 이미 출발한 상태를 가지고 있었다.

  → 도착했을 때 비행기가 이미 출발하고 없는 상황입니다.

- They **had traveled** to many countries before they **decided** to settle down.

  그들은 정착하기로 결정하기 전에 많은 나라들을 여행한 상태를 가지고 있었다.

  → 이미 많은 나라들을 여행한 후 정착하기로 결정했다는 말입니다.

- When I **met** him for the first time, he **had already been working** at the company for two years.

  내가 그 남자를 처음 만났을 때, 그는 이미 그 회사에서 2년 동안 일해 온 상태를 가지고 있었다.

  → 그 남자가 그 회사에서 2년 동안 일해 온 무렵 나와 만났다는 말입니다.

'과거 완료'는 'had+p.p.'의 형태이다.
두 가지의 과거 사건을 한 문장에서 나타낼 때
더 이전에 일어난 일을 표현하면서 사용한다.

1 나는 그녀를 사랑했다. (지금 그 마음이 남아 있는지는 알 수 없다.) (love)

_____

2 나는 그녀를 사랑했다. (아직도 사랑한다.) (love)

_____

3 나는 그녀를 봤다. (본 기억이 머릿속에 남아 있다.) (see)

_____

4 나는 독일어를 배웠다. (단순 사실) (learn)

_____

5 나는 독일어를 배웠다. (지금도 독일어를 할 줄 안다.) (learn)

_____

6 나는 내 숙제를 끝냈다. (단순 사실) (finish)

_____

7 나는 내 숙제를 끝냈다. (더욱 생동감 있고 강조하는 느낌) (finish)

_____

8 나는 그 영화를 봤다. (단순 사실) (watch)

_____

ANSWERS

1. I loved her. | 2. I have loved her. | 3. I have seen her. | 4. I learned German. | 5. I have learned German. | 6. I finished my homework. | 7. I have finished my homework. | 8. I watched the movie.

9 나는 그 영화를 봤다. (더욱 생동감 있고 강조하는 느낌, 본 적 있다) (watch)

_____

10 나는 내 시계를 잃어버렸다. (단순 사실) (lose)

_____

11 나는 내 시계를 잃어버렸다. (아직 찾지 못했다) (lose)

_____

12 나는 몇몇 다른 나라에서 살았다. (단순 사실) (live, several)

_____

13 나는 몇몇 다른 나라에서 살았다. (그 나라에 대해 좀 안다, 쭉 그 나라에서 살았다, 그 나라에서 살아 봤다) (live, several)

_____

14 봄이 왔다. (단순 사실) (come)

_____

15 봄이 왔다. (봄이 와서 기쁘다는 기분을 생동감 있게 표현, 지금 봄이 온 상태이다) (come)

_____

16 그녀는 알래스카로 갔다. (단순 사실) (go, Alaska)

_____

ANSWERS ....

9. I have watched the movie. | 10. I lost my watch. | 11. I have lost my watch. | 12. I lived in several different countries. | 13. I have lived in several different countries. | 14. Spring came. | 15. Spring has come. | 16. She went to Alaska.

17 그녀는 알래스카로 갔다. (아직 한국에 돌아오지 않았다) (go)

_____

18 나는 알래스카에 가 본 적 있다. (be)

_____

19 나는 그 영화가 나오기 전에 이미 그 책을 읽었다. (read)

_____

20 그녀가 파티에 도착했을 때, 대부분의 손님들은 이미 떠났다. (arrive, most, leave)

_____

21 그는 마감일 전에 프로젝트를 끝냈다. (finish, project, deadline)

_____

22 우리가 공항에 도착했을 때, 비행기는 이미 출발했다. (arrive, airport, depart)

_____

23 그들은 정착하기로 결정하기 전에 많은 나라들을 여행했다. (travel, decide, settle)

_____

24 내가 그 남자를 처음 만났을 때, 그는 이미 그 회사에서 2년 동안 일하고 있었다.
(meet, first time, work)

_____

ANSWERS ···

17. She has gone to Alaska. | 18. I have been to Alaska. | 19. I had already read the book before the movie came out. | 20. By the time she arrived at the party, most of the guests had already left. | 21. He had finished his project before the deadline. | 22. When we arrived at the airport, the flight had already departed. | 23. They had traveled to many countries before they decided to settle down. | 24. When I met him for the first time, he had already been working at the company for two years.

UNIT 12

조동사
영어의 감을 살리고 동사를 도와주는 단어

① 조동사란?

영어에서 감을 살려 주는 말이 바로 '**조동사**'입니다. 우리말로 옮기면 큰 차이가 없어 보이지만, 각 조동사의 어감을 알면 상당히 세세한 표현이 가능해집니다. 조동사는 **동사를 도와준다**는 의미에서 조동사라고 부르고, 종류는 **can, could, will, would, may, might, should, must**가 있습니다.

조동사는 화자의 '의지'를 표현하는 말입니다. 의지가 있다는 것은 화자의 마음이 문장에 들어 있다는 것입니다. 그래서 이를 주관적인 표현이라 할 수 있습니다. 화자의 마음이 들어가 있고 어떤 것을 할 의지가 있으므로, 어떤 일이 발생할 확률도 있습니다. 이 의지와 확률을 %로 나타낼 수 있습니다.

> can: ~할 수 있다 [화자의 의지 90%]
> could: ~할 수 있다 [화자의 의지 10%]
>
> will: ~할 것이다 [화자의 의지 90%]
> would: ~할 것이다 [화자의 의지 10%]
>
> may: ~일지도 모른다 / ~해도 된다 [화자의 의지 50%]
> might: ~일지도 모른다 / ~해도 된다 [화자의 의지 10%]

156

should: ~해야만 한다 [화자의 의지 90%]

must : ~해야만 한다 [화자의 의지 99.9%]

(must는 너무나 강한 표현이라 일상 회화에서는 거의 쓰지 않습니다.)

> '조동사'는 동사를 도와주는 단어로,
> 문장 속에서 화자의 의지를 표현하면서 확률을 나타낼 수 있다.

2 can / could / be able to

'~을 할 수 있다'를 문장에서 표현할 때 **can, could, be able to**를 사용할 수 있습니다. 우리말로 옮길 때는 '~할 수 있다'로 차이가 없지만, 각각의 상세한 차이는 아래와 같습니다.

상대가 "<u>Can</u> you buy the expensive car?(너 그 비싼 차 살 수 있어?)"라고 물었을 때 아래와 같이 답할 수 있습니다.

"Yes, I <u>can</u> buy the expensive car.(응, 나는 그 비싼 차를 살 수 있어.)"라고 하면 나의 의지가 90% 정도 있습니다. 나는 그 차를 구입할 돈도 있고, 구입할 의지도 있어서 그 차를 살 가능성이 아주 큽니다.

"Yes, I <u>could</u> buy the expensive car.(응, 나는 그 비싼 차를 살 수 있어.)"라고 하면 나의 의지가 10%밖에 없으니, 그 차를 구입한다고는 했지만, 구입할 의지가 낮아서 실제로 살 가능성이 아주 낮습니다. 이 대화에서 알 수 있듯이, can으로 질문했다고 해서 무조건 can으로 대답해야만 하는 것은 아닙니다. 의미에 따라 could도 가능합니다.

누군가가 나를 파티에 초대했을 때 나의 의도를 조동사를 이용해서 전달할 수 있습니다. 다음 대화는 조동사를 이용해서 질문한 것이 아닌데, 조동사를 사용해서 답한 것입니다. 이렇게 대답하는 것도 가능합니다.

We are having a party this Saturday. Are you coming?
이번 주 토요일에 파티할 건데. 올래?

- Yes, I **can**.
  의지를 90% 나타내는 can을 사용했으므로 파티에 갈 의지도 높고 갈 가능성도 높습니다.

- Yes, I **could**.
  의지를 10% 나타내는 could를 사용했기 때문에 파티에 갈 의지도 낮고, 실제로 갈 가능성도 낮습니다.

could의 원래 의미는 '~할 수 있다'입니다. 그런데 could를 can의 과거형으로 **'~할 수 있었다'**로 이해해야 할 때가 있습니다. 예를 들어, "When I was young, I could run fast."라고 하면 "내가 어렸을 때, 나는 빨리 달릴 수 있었다."라는 의미가 됩니다. 여기에서 'could run'을 '달릴 수 있다'로 해석하면 어색해집니다. 전제 자체가 과거의 상황이기 때문입니다.

이디엄 중에 "I could eat a horse."라는 말이 있습니다. 너무 배가 고파서 말 한 마리를 다 먹을 수 있겠다는 말인데, 여기에서 조동사 can을 쓰지 않고 could를 썼습니다. 왜냐하면, 실제로 아무리 배가 고프더라도 한 사람이 말 한 마리 전체를 먹을 수는 없기 때문입니다. 실제로 일어날 가능성이 매우 낮으므로 could를 사용합니다.

또 다른 이디엄을 보면, "You could sell him the Brooklyn Bridge.(넌 그에게 브루클린 다리도 팔 수 있겠다.)"가 있는데, 너는 그에게 네 것도 아닌 브루클린 다리를 거짓말로 팔 수 있을 거라는 과장된 표현입니다. 실제로 브루클린 다리를 판다는 것은 불가능한 상황이므로, 일어날 수 있는 확률이 낮으니 여기에서도 could를 사용합니다.

누군가가 자신을 도와줄 수 있냐고 묻는 상황을 가정해 봅시다. "Can you help me?" 여러분은 어떻게 대답을 할 수 있을까요?

① Yes, I can.
② Yes, I could.

상대방이 도와줄 수 있냐고 물었을 때, Yes라고 답한다는 것은 도와주겠다는 의지가 확실한 것입니다. 이런 경우에는 can을 쓰는 것이 맞습니다. 도와준다고 Yes라고 답하고, 의지가 약한 could를 쓰면 어색한 표현이 됩니다.

이제 '～할 수 있다'라는 의미를 가진 **be able to**를 살펴보겠습니다. 우선, be able to는 조동사가 아닙니다. 앞서 can은 90%의 의지를 나타내고, could는 10%의 의지를 나타낸다고 했습니다. 그런데 **be able to**는 **100%**를 나타냅니다. 즉, **명백한 사실**을 표현하는 말입니다. 예문으로 차이를 보겠습니다.

- This computer **is able to** solve this problem in five minutes.
  이 컴퓨터는 이 문제를 5분 안에 풀 수 있다.
  → be able to가 있으므로 이 컴퓨터는 분명히 5분 안에 이 문제를 푼다는 것을 의미합니다. 즉, 풀지 못하는 경우는 없다는 뜻입니다.

- I **can** solve this problem in 5 days. 나는 이 문제를 5일 안에 풀 수 있다.
  → 조동사 can을 사용했기에, 내가 이 문제를 5일 안에 풀 수 있기는 한데 풀 가능성이 90% 정도 있고, 못 풀 확률이 10% 정도 있다는 말입니다.

- **I am able to** solve this problem in 5 days. (×)

  나는 이 문제를 5일 안에 풀 수 있다.

  → 이 문장을 우리말로 해석하면 can과 차이가 없지만, 실제로 이렇게는 쓸 수 없습니다. 사람에게는 100% 확률이 불가능하기 때문입니다.

자동차가 고장 나서 정비소에 간 상황을 생각해 보겠습니다. 정비사에게 고칠 수 있냐(Can you fix this?)고 물었을 때, 정비사는 뭐라고 대답할 수 있을까요?

- **I am able to** fix it. 나는 그것을 고칠 수 있다.
- **I can** fix it. 나는 그것을 고칠 수 있다.

정비사가 대답으로 쓸 수 있는 표현은 can입니다. 아주 간단하고 고치기 쉬운 고장이라도, 작은 가능성으로 못 고칠 수도 있기 때문입니다. 물론 be able to를 사용할 수 없는 것은 아닙니다. 다만 너무 오버하는 느낌입니다.

친구에게 수영할 수 있냐(Can you swim?)고 물어봤을 때, 친구는 대답을 어떻게 할 수 있을까요?

- **I am able to** swim. 나는 수영할 수 있다.
- **I can** swim. 나는 수영할 수 있다.

좀 더 자연스러운 대답은 can입니다. 만약 be able to로 대답하면 마치 물고기처럼 아무 노력 없이 물에만 들어가면 수영이 된다는 의미가 되어 다소 어색합니다.

5개 국어를 말할 수 있다고 표현할 때, AI와 사람은 다르게 표현해야 합니다. AI는 be able to를 쓰고, 사람은 can을 사용하는 것이 자연스럽습니다. 이처럼 can

은 확률적인 것도 있지만, 노력을 통해 얻어낸 능력에 대해서 쓰기도 합니다.

- AI **is able to** speak five languages. AI는 다섯 개의 언어를 말할 수 있다.
- I **can** speak five languages. 나는 다섯 개의 언어를 말할 수 있다.

'~할 수 있다'라고 할 때
can, could, be able to를 사용한다.

---

③ will / would / be going to

'~할 것이다'를 표현할 때는 will, would, be going to를 사용할 수 있습니다. 이들도 각각의 뉘앙스가 조금씩 다릅니다. 자세한 쓰임에 대해 알아보겠습니다.

먼저 **be going to**는 '~할 것이다'라는 의미가 있습니다. 조동사가 아니기에 '가능성'을 나타내는 말이 아니라 **명백한 사실**을 나타냅니다. 미래의 일이라 100%는 아니지만 99.9%에 가까운 확률을 나타냅니다. 반면 **will**도 '~할 것이다'라는 의미이지만 **하지 않을 확률이 어느 정도 있다**는 표현입니다.

- I **am going to** call you back. 내가 다시 전화할게.
  → 99.9% 전화를 다시 하겠다는 의미입니다. 그래서 이 말을 들은 상대방은 전화가 오기를 기다릴 것입니다.

- I **will** call you back. 내가 다시 전화할게.
  → 다시 전화할 의지가 90% 정도 있지만, be going to와 비교하면 전화하지 않을 가능성도 어느 정도 있습니다. 그래서 이 말을 들은 상대방은 전화가 올 것을 그리 기대하지 않습니다.

다음 두 문장을 살펴보겠습니다.

- I **will** pass the exam. 나는 그 시험에 합격할 것이다.
- I **am going to** pass the exam. 나는 그 시험에 합격할 것이다.

'will pass', 'be going to pass' 둘 다 '합격할 것이다'를 표현합니다. 둘 중에 더 오래전부터 치밀하게 **계획하고**, 장엄하게 **결심한 느낌**은 'be going to pass'이고, 'will pass'는 다소 **즉흥적으로 말하는 느낌**입니다.

이번에는 will과 would의 차이를 알아보겠습니다.

- If we don't hurry, we **will be** late. 서두르지 않으면, 우리는 늦을 것이다.
  → 늦을 가능성이 매우 높다(90%)는 의미입니다.

- If we don't hurry, we **would be** late. 서두르지 않으면, 우리는 늦을 것이다.
  → 늦을 가능성이 매우 낮다(10%)는 의미입니다.

would는 공손한 표현을 할 때도 사용됩니다. would는 화자의 의지를 10%만 드러내는 말입니다. 이 말은 상대방에게 선택권을 90% 준다는 말로 확장되어서, 나 자신을 낮추고 상대방을 높이는 것으로 볼 수 있습니다.

- **Will you help** me? 저 좀 도와주세요. (당연히 저를 도와주실 거죠?)
  → will을 쓰면 말하는 사람 입장에서 당당한 느낌을 줍니다. 나의 요청이 90%, 상대방의 의지가 10%뿐이라 상대방이 당연히 나를 도와줄 것이라는 확신을 가지고 묻는 것입니다.

- **Would you help** me? 저 좀 도와주세요. (저를 도와주실 수 있을까요?)
  → would는 상대방에게 결정권을 90%를 주고 있어서, 공손하고 겸손한 느낌을 줍니다.

친구가 "너 파티에 올 거야?(Will you come to the party?)"라고 묻는 상황을 가정해 보겠습니다. 내가 대답할 수 있는 방법은 여러 가지가 있습니다.

> Yes, definitely. [100%]
> Yes, I am coming. [100%]
> Yes, I am going to. [99.9%]
> Yes, I will. [90%]
> Yes, I would. [10%]

상대방이 오늘이 무슨 요일인지를 물어봅니다. "What day is it today?" 나는 "월요일이야."라는 대답을 확신의 정도에 따라 다르게 할 수 있습니다. 달력을 보고 100% 확실히 말할 수도 있고, 긴가민가할(90%) 수도 있습니다. 어딘가에 고립된 상태에서 시간이 얼마나 지나갔는지 모를 때에는 확신이 아주 많이 떨어질 수 있습니다(10%).

> It is Monday. [100%]
> It will be Monday. [90%]
> It would be Monday. [10%]

- **What will happen** if the Earth stops spinning?
  지구가 멈춘다면 무슨 일이 일어날까?
  → 선생님이 지구의 자전에 대해 수업을 하고 나서 다음 날 학생들에게 질문합니다. 어제 수업에서 들은 내용이므로 학생들이 질문에 대답해 줄 수 있다는 확신이 90% 정도 있습니다.

- **What would happen** if the Earth stops spinning?
  지구가 멈춘다면 무슨 일이 일어날까?
  → 새로운 학생이 전학 왔습니다. 선생님은 그 학생이 지구의 자전에 아는지 모르는지 확신이 없는 상태에서 물어보는 것이므로, 학생에게 부담감을 주지 않으려고 would를 사용했습니다.

- **Would you mind** opening the window?

  창문 좀 열어도 될까? (너는 창문 여는 걸 싫어할 거니?)

  → 상대방에게 90%의 선택권을 주는 것이므로, 공손하게 부탁하는 표현으로 볼 수 있습니다.

- **Will you mind** opening the window? (×)

  창문 좀 열어도 될까? (너는 창문 여는 걸 싫어할 거니?)

  → 부탁하는 상황에서 내가 선택권을 90% 가진다는 것은 말이 안 됩니다. 그래서 이 표현에서는 will을 쓰지 않습니다.

- Emma said she **would call** you soon. 엠마가 너에게 곧 전화할 거라고 말했어.

  → 사람의 의지는 말하고 있는 당시에 가장 강합니다. 말하고 나서 시간이 지날수록 의지는 약해지기 마련입니다. 그래서 과거의 상황에는 의지가 낮은 would를 사용합니다. will의 과거형이 would라고 말하는 것이 이런 이유입니다.

- Emma said she **will call** you soon. (×)

  → 과거의 상황을 말할 때 will을 사용하는 것은 어색합니다.

- Emma said **she was going to call you** soon.

  엠마가 너에게 곧 전화할 거라고 말했어.

  → 과거의 상황에서 의지를 명확하게 높게 드러낼 방법이 있습니다. 조동사가 아닌 be going to를 사용하면 됩니다. be going to는 현재, 과거에 상관없이 확률이 거의 100%인 것을 표현할 수 있습니다.

would는 '도대체 왜?'라는 표현을 할 때도 사용합니다. "너는 그것을 왜 했니?"라고 밋밋하게 묻는 대신 굳이 왜 그렇게 했는지 의아함을 더해서 물어볼 때 would를 사용합니다.

- Why **did** you do that? 너는 그걸 왜 했니?
- Why **would** you do that? 너는 그걸 굳이 왜 했니?

아들이 아버지에게 자동차가 필요하다고 말하는 상황을 가정해 봅시다. 아버지는 왜 차가 필요한지 단순히 이유를 물어볼 수 있습니다.(do 사용) 그런데 대중

교통으로도 충분하다고 생각하는데, 굳이 비싼 돈을 들여서 자동차를 사려는 아들이 못마땅하고 의아할 수 있습니다. 이럴 때는 would를 사용해서 뉘앙스를 살려 줄 수 있습니다.

- Why **do** you need a car? 너는 자동차가 왜 필요하니?
- Why **would** you need a car? 너는 도대체 차가 굳이 왜 필요하니?

또 하나 예를 들어 보겠습니다. 나의 비밀을 오직 한 친구에게만 말했습니다. 그런데 며칠 후 누군가가 그 비밀을 안다고 말합니다. 그래서 친구에게 따져 물었더니 친구가 극구 부인합니다. 이런 경우 would를 사용할 수 있습니다.

- Why **would** I do that? 내가 굳이 왜 그러겠어?

> **'~할 것이다'라고 할 때**
> **will, would, be going to를 사용한다.**

4 may / might

'~일지도 모른다', '~해도 된다'를 표현할 때 **may**와 **might**를 사용합니다. 화자의 의지 또는 확신이 **50%** 정도 있을 때 **may**를 사용하고, **10%** 정도 있을 때는 **might**를 사용합니다. 상대방에게 말을 할 때 그 말을 직설적으로 얘기할 수도 있고, 상대방의 입장을 생각하면서 조심스럽게 얘기할 수도 있습니다.

- **You are** wrong. 네가 틀렸어.
  - → 명백하게 상대방이 틀렸다고 직설적으로 말하는 것입니다. 내가 100% 맞다고 표현하는 것이므로, 상황에 따라 듣는 상대가 불쾌한 감정을 느낄 수도 있습니다.

- **You may be** wrong. 네가 틀렸을 거야.
  - → 50% 정도의 확신으로 상대방이 틀렸다고 말하고 있습니다. 역시 상대방이 옳다는 생각도 50% 정도는 하고 있습니다. 그냥 be동사를 쓸 때보다는 상대방을 존중하는 뉘앙스입니다.

- **You might be** wrong. 네가 틀렸을지도 몰라.
  - → 이 표현은 상대방의 기분이 안 좋을 수 있으니, 돌려서 말할 때 사용합니다. 상대방이 틀렸다는 확신이 10% 정도밖에 없다는 것을 보여 줌으로써 상대방을 존중한다는 것을 표현합니다. 상대방이 틀린 것이 명백하더라도 확신을 낮춰서 표현하면 공손하게 보일 수 있습니다.

반대로 상대방에게 양해를 구할 수도 있습니다. 회의 도중에 화장실에 가야 할 때, 다음과 같은 여러 표현을 할 수 있습니다.

May I go to the restroom?
Might I go to the restroom?
Can I go to the restroom?
Could I go to the restroom?

위 문장 중에서, 나의 의지를 가장 낮게 쓴 말은 could, might이기 때문에 가장 공손한 표현이라고 할 수 있습니다. 하지만 실제 회화에서는 거의 사용하지 않습니다. may 또는 can을 사용하면 됩니다.

- **It might be** a good idea to bring an extra jacket in case it gets cold.
  추워질 수 있으니 여분의 재킷을 가져가는 것이 좋을 것 같다.
  - → 재킷을 챙겨 가라고 제안하면서 나의 의지나 확신을 상당히 줄인 표현입니다. 그러면 상대방은 나의 제안을 수용하지 않더라도 별 부담을 갖지 않을 수 있습니다. 상대방의 의견을 존중하는 공손한 표현이라 할 수 있습니다.

- He **might be** allergic to seafood, so we should ask before ordering.

  그가 해산물 알레르기가 있을 수 있어서 주문하기 전에 물어봐야 한다.

  → 그 남자가 해산물 알레르기가 있을 가능성은 상당히 낮지만, 그래도 혹시 모르니 조심하자는 의도에서 might를 사용했습니다.

- It **may take** a while to get used to the new job, but I'm up for the challenge.

  새로운 일에 익숙해지려면 시간이 좀 걸릴지도 모르지만, 나는 도전할 준비가 되어 있다.

  → 50% 정도의 확신으로 새로운 일에 익숙해지려면 시간이 좀 걸린다고 생각하고 may를 썼습니다.

- It **may rain** this afternoon, so don't forget to bring your umbrella.

  오늘 오후에 비가 올지도 모르니 우산 가져오는 것을 잊지 마세요.

  → 일기 예보에 비가 올 확률이 50% 정도 되는 것을 보고 may를 사용할 수 있습니다. 또한, 꼭 일기 예보를 보지 않더라도 50% 정도의 확률로 비가 올 것 같은 생각이 들면 may를 사용할 수 있습니다.

may는 특이하게 뭔가를 기원하는 문장에도 사용할 수 있습니다.

- **May** your dreams come true! 당신의 꿈이 실현되기를!
- **May** God be with you! 신이 함께하기를!
- **May** the best team win! 최고의 팀이 이기기를!

> **'~일지도 모른다', '~해도 된다'를 표현할 때**
> **may와 might를 사용한다.**

---

⑤ should / must / have to

'∼해야만 한다'를 표현할 때 **should, must, have to**를 사용합니다. 우리말 해석은 모두 같지만, 실제로 똑같은 의미는 아닙니다.

should와 must는 조동사이므로 화자의 마음이 내포되어 있습니다. 문장 속에 상대방을 걱정하는 마음, 생각하는 마음이 있다고 전제합니다.

- It's late. You **should go** home. 늦었어. 너는 집으로 가야 해.
  - → should를 쓰면 늦은 것에 대한 걱정하는 마음이 드러납니다. 상대방이 집에 늦게 가서 생기는 불이익, 예를 들어 부모님께 혼나는 상황 등을 걱정하는 마음이 내포되어 있습니다.

- It's late. You **have to go** home. 늦었어. 너는 집으로 가야 해.
  - → have to는 조동사가 아니어서 감정이 내포되어 있지 않습니다. 지금 상대방이 해야 할 일은 집으로 가는 것이라는 단순한 사실을 전달할 뿐입니다.

- It's late. You **must go** home. 늦었어. 너는 집으로 가야 해.
  - → 일상 생활에서 잘 쓰지 않는 must를 사용하면, 네가 집으로 가지 않으면 지구가 무너질 것 같은 엄청난 일이 일어나니까 무슨 일이 있어도 집으로 가야 한다는 말이 됩니다. 이 말은 듣는 사람 입장에서 뭔가 큰일이 생겼다는 가슴 철렁한 느낌을 받을 것입니다.

- My mom said I **have to wear** a jacket, but I don't want to.
  엄마는 내가 재킷을 입어야 한다고 말했는데, 나는 입고 싶지 않아.
  - → have to에는 나의 마음 또는 의지가 들어 있지 않습니다. 단지 엄마의 생각만 있습니다. 나는 더워서 재킷을 입고 싶지 않은데, 엄마가 우기는 상황입니다.

- I **should wear** a jacket. It's freezing out there!
  나는 재킷을 입어야겠어. 밖에 엄청 추워!
  - → 밖이 춥기 때문에 재킷을 입어야겠다는 생각이 든 상황이므로 should를 사용했습니다. 이 상황에서는 엄마가 입지 말라고 해도, 내가 우겨서 입겠다는 말입니다.

일상 회화에서 must는 너무나 강한 말이기 때문에 거의 쓰지 않습니다. must는 주로 법, 규칙, 의무 등에서 볼 수 있습니다. 또는 어떤 것에 100% 확신하면서

'~임에 틀림없다'라고 말할 때 must를 사용합니다.

- Right lane **must turn** right. 우측 차선은 반드시 우회전해야 한다.

- You **must be** 18 or older to vote in the U.S.
  미국에서 투표하려면 18세 이상이 되어야 한다.

- There are tons of **must-see places** in California.
  캘리포니아에 꼭 봐야만 하는 명소가 많이 있다.

- You **must be** Tom. 당신은 톰이 틀림없다.

'~해야만 한다'를 표현할 때
should, must, have to를 사용한다.

---

1 이 컴퓨터는 이 문제를 5분 안에 풀 수 있다. (solve, problem)

_____

2 나는 이 문제를 5일 안에 풀 수 있다. (solve, problem)

_____

3 나는 수영할 수 있다. (swim)

_____

4 AI는 다섯 개의 언어를 말할 수 있다. (speak)

_____

5 내가 다시 전화할게. (의지 99.9%) (call, back)

_____

6 나는 그 시험에 합격할 것이다. (다소 즉흥적) (pass, exam)

_____

7 서두르지 않으면, 우리는 늦을 것이다. (늦을 가능성 매우 높음) (hurry, late)

_____

8 서두르지 않으면, 우리는 늦을 것이다. (늦을 가능성 매우 낮음) (hurry, late)

_____

ANSWERS ....

1. This computer is able to solve this problem in five minutes. | 2. I can solve this problem in 5 days. | 3. I can swim. | 4. AI is able to speak five languages. | 5. I am going to call you back. | 6. I will pass the exam. | 7. If you don't hurry, we will be late. | 8. If you don't hurry, we would be late.

9 저 좀 도와주실래요? (나를 도와줄 것이라는 확신이 있음) (help)

_____

10 저 좀 도와주실래요? (공손한 느낌) (help)

_____

11 지구가 멈춘다면 무슨 일이 일어날까? (학생들이 선생님의 질문에 대답해 줄 수 있다는 확신이 90%) (happen, Earth, spinning)

_____

12 지구가 멈춘다면 무슨 일이 일어날까? (전학생에게 부담을 주지 않는 상황) (happen, Earth, spinning)

_____

13 창문 좀 열어도 될까? (mind, window)

_____

14 엠마가 너에게 곧 전화할 거라고 말했어. (call, soon)

_____

15 엠마가 너에게 곧 전화할 거라고 말했어. (전화할 의지가 매우 높음) (call, soon)

_____

16 너는 자동차가 왜 필요하니? (need)

_____

ANSWERS ....

9. Will you help me? | 10. Would you help me? | 11. What will happen if the Earth stops spinning? | 12. What would happen if the Earth stops spinning? | 13. Would you mind opening the window? | 14. Emma said she would call you soon. | 15. Emma said she was going to call you soon. | 16. Why do you need a car?

17 너는 도대체 차가 굳이 왜 필요하니? (need)

_____

18 네가 틀렸어. (wrong)

_____

19 네가 틀렸을 거야. (wrong)

_____

20 네가 틀렸을지도 몰라. (wrong)

_____

21 추워질 수 있으니 여분의 재킷을 가져가는 것이 좋을 것 같다. (공손한 표현)
(good idea, bring, extra, in case)

_____

22 그가 해산물 알레르기가 있을 수 있어서 주문하기 전에 물어봐야 한다. (가능성이 낮음)
(allergic, ask, order)

_____

23 새로운 일에 익숙해지려면 시간이 좀 걸릴지도 모르지만, 나는 도전할 준비가 되어 있다.
(나의 확신 50%) (take, get used to, up, challenge)

_____

ANSWERS ....

17. Why would you need a car? | 18. You are wrong. | 19. You may be wrong. | 20. You
might be wrong. | 21. It might be a good idea to bring an extra jacket in case it gets
cold. | 22. He might be allergic to seafood, so we should ask before ordering. | 23. It
may take a while to get used to the new job, but I'm up for the challenge.

㉔ 오늘 오후에 비가 올지도 모르니 우산 가져오는 것을 잊지 마세요. (비 올 확률이 50%라고 생각) (rain, bring, umbrella)

_____

㉕ 늦었어. 너는 집으로 가야 해. (걱정하는 마음) (go)

_____

㉖ 늦었어. 너는 집으로 가야 해. (단순한 사실 전달) (go)

_____

㉗ 엄마는 내가 재킷을 입어야 한다고 말했는데 나는 입고 싶지 않아. (wear, jacket)

_____

㉘ 나는 재킷을 입어야겠어. 밖에 엄청 추워! (jacket, freezing)

_____

㉙ 우측 차선은 반드시 우회전해야 한다. (lane, turn)

_____

㉚ 미국에서 투표하려면 18세 이상이 되어야 한다. (be, vote)

_____

㉛ 캘리포니아에 꼭 봐야만 하는 명소가 많이 있다. (tons of, place)

_____

㉜ 당신은 톰이 틀림없다. (be)

_____

ANSWERS ··

24. It may rain this afternoon, so don't forget to bring your umbrella. | 25. It's late. You should go home. | 26. It's late. You have to go home. | 27. My mom said I have to wear a jacket, but I don't want to. | 28. I should wear a jacket. It's freezing out there! | 29. Right lane must turn right. | 30. You must be 18 or older to vote in the U.S. | 31. There are tons of must-see places in California. | 32. You must be Tom.

UNIT 13 수동태

어쩔 수 없이 되어진 상태를 설명할 때

1 수동태의 형태와 의미

'수동태'의 형태는 '**be+p.p.**'입니다. 먼저 아래의 문장들을 살펴볼까요?

- **I closed** the door. 나는 그 문을 닫았다. (능동태)
  - → 이 문장에서 주어는 'I'입니다. 영어는 위치를 중요하게 생각하는 언어라고 했습니다. 그러므로 여기서는 첫 자리에 나오는 'I'를 강조한 것입니다. 문을 닫는 '나'가 문장의 중심입니다. 닫히고 있는 'the door'를 강조하려면 이 단어를 문장 맨 앞으로 보내면 됩니다. 그러면 우리가 아는 수동태가 됩니다.

- The door **was closed**. 그 문은 닫혔다. (수동태)
  - → 이 문장을 분석해 보면 '그 문이(The door)+있었다(was)+닫혀진 상태로(closed)'입니다. "그 문은 닫혀진 상태로 있었다.", 즉 "그 문은 닫혔다."라고 문의 상태에 집중을 하는 것입니다.

능동태 문장을 수동태로 바꾸고 형태만 다른 같은 문장이라고 생각할 수 있지만, 사실은 전혀 그렇지 않습니다. **"I closed the door."**에서 주인공인 **'I'는 자발적으로 그 문을 닫은 것**입니다. 문을 닫고 싶은 자발적인 마음이 있습니다. 반면, **"The door was closed."**에서 주인공은 the door입니다. **'the door'의 입장에서는 닫히고 싶지 않은데 'I'에 의해서 닫혀진 것**입니다. the door는 어떻게 보면 '강요받거나' '심리적으로 저항하면서' 닫힌 것입니다. '심리적 저항이 있었다는 것은 심리적으로 시간이 흘렀다'라고 볼 수 있습니다.

- John Steinbeck **wrote** the book. 존 스타인벡이 그 책을 썼다.

  → 책보다는 저자를 강조하기 위해 사람 이름을 주어 자리에 사용했습니다.

- The book **was written** by John Steinbeck.

  그 책은 존 스타인벡에 의해 쓰였다.

  → 책을 강조하기 위해서 책을 주어 자리에 놓고 수동태 문장으로 만들었습니다. '~에 의해' 된 것인지를 말할 때는 by를 사용해 줍니다.

수동태 느낌을 제대로 알기 위해 문장을 더 살펴보겠습니다.

- The project **was delayed** because of the unexpected weather conditions.

  그 프로젝트가 예기치 않은 기상 조건으로 지연되었다.

- The event **was canceled** due to a lack of participants.

  그 이벤트가 참가자 부족으로 취소되었다.

- The food **was spoiled** as it had been left out of the fridge for too long.

  그 음식은 너무 오랫동안 냉장고에 넣지 않고 방치되어서 상하게 되었다.

- The concert **was rescheduled** because the lead singer had fallen ill.

  메인 가수가 아프게 되어서 그 콘서트 일정이 재조정되었다.

- The flight **was delayed** since the airplane needed repairs.

  비행기 수리가 필요해서 비행이 지연되었다.

- The game **was called off** due to heavy rain.

  폭우로 인해 그 경기가 취소되었다.

- The package **was lost** in transit despite being properly labeled.

  그 소포는 정보가 제대로 기재되어 있음에도 불구하고 운송 도중에 분실되었다.

상점, 카페, 식당 등을 보면 문에 다음과 같은 표지판을 볼 수 있습니다.

매장 영업을 한다고 할 때는 **"We are open."**이라는 능동태를 사용합니다. 매장 주인은 매출을 통해 돈을 벌고 싶은 마음이 있습니다. 그래서 자발적으로 가게를 엽니다. 여기에서 open은 '연 (상태)'이라는 형용사입니다. 즉, "우리 매장은 연 상태로 존재하니 들어오세요."라는 마음이 들어 있습니다.

반면에, 매장을 닫을 때는 **"We are closed."**라는 수동태를 사용합니다. 수동태는 '강요 받거나' '심리적으로 저항하는' 의미가 있다고 했습니다. 아침에는 돈을 벌기 위한 자발적인 마음으로 매장을 열었지만, 밤이 되고 손님이 없는 때가 되면 어쩔 수 없이 문을 닫아야 합니다. 문을 닫기 싫은 마음을 가지고 닫는 상황이라 'closed(문이 닫힌)'라는 과거분사를 사용합니다.

> '수동태' 문장은 'be+p.p.' 형태로,
> 자발적이지 않고 어쩔 수 없이 '되어진' 상태를 설명한다.

② 지각동사가 포함된 수동태 문장

지각동사가 포함된 수동태 문장도 있습니다.

- ### She saw Jason **dance** in red pajamas.
  그녀는 제이슨이 빨간 파자마를 입고 춤추는 것을 봤다.

  → 지각동사(saw)가 있으면 to를 생략한다고 했습니다. 그녀가 보는 동작과 제이슨이 춤추는 동작이 동시에 일어나야 그 장면을 볼 수 있으므로 시간의 흐름을 나타내는 to를 생략하는 것입니다.

- ### Jason was seen **to dance** in red pajamas.
  제이슨이 빨간 파자마를 입고 춤추는 것이 목격되었다.

  → 그런데 지각동사가 있는 문장을 수동태로 만들면 생략되었던 to가 부활합니다. 제이슨을 주어로 두면, 상황은 제이슨의 관점에서 진행됩니다. 제이슨의 입장에서는 누군가에게 보여 주려고 춤춘 것이 아닙니다. 어쩌면 춤추는 모습을 보이고 싶지 않았을 수도 있습니다. 그럼에도 어쩔 수 없이 목격된 것이므로, 심리적인 저항이 있음, 즉 심리적으로 시간이 흘렀음을 나타낼 수 있습니다. 그래서 시간의 흐름을 나타내는 to를 넣어 줍니다.

> **지각동사가 포함된 수동태 문장에는**
> **생략했던 to를 다시 붙여 준다.**

③ 사역동사가 포함된 수동태 문장

사역동사가 포함된 수동태 문장도 유사합니다.

- ### He made me **go.** 그는 나를 강제로 가게 했다.
  → 그 남자가 강제로 하게(made) 했고, 나는 시간의 흐름 없이 바로 가야 하므로 to를 생략하고 go만 씁니다. 여기서 I가 자발적으로 가는 것인지 아닌지는 중요하지 않습니다. 그가 워낙 강하게 시키는 것이므로 그냥 바로 가는 것입니다.

- I was made **to go.** 나는 강제로 가게 되었다.

  → 이 문장에서는 I가 주인공입니다. 누군가가 강제로 시켰지만, 심리적 저항이 있는 것에 더 중점을 주는 문장입니다. 심리적 저항이 있다는 것은 심리적으로 시간이 흘렀음을 암시하므로, 시간의 흐름을 나타내는 to를 넣어 줍니다.

**사역동사가 포함된 수동태 문장에는
생략했던 to를 다시 붙여 준다.**

---

1 그 프로젝트가 예기치 않은 기상 조건으로 지연되었다. (delay, unexpected)

_____

2 그 이벤트가 참가자 부족으로 취소되었다. (cancel, due to, participants)

_____

3 그 음식은 너무 오랫동안 냉장고에 넣지 않고 방치되어서 상하게 되었다. (spoil, as)

_____

4 메인 가수가 아프게 되어서 그 콘서트 일정이 재조정되었다. (reschedule, fallen ill)

_____

5 비행기가 수리가 필요해서 비행이 지연되었다. (delay, since, repair)

_____

6 폭우로 인해 그 경기가 취소되었다. (call off, due to)

_____

7 그 소포는 정보가 제대로 기재되어 있음에도 불구하고 운송 도중 분실되었다.

(lose, transit, properly)

_____

ANSWERS ··

1. The project was delayed because of the unexpected weather conditions. | 2. The event was canceled due to a lack of participants. | 3. The food was spoiled as it had been left out of the fridge for too long. | 4. The concert was rescheduled because the lead singer had fallen ill. | 5. The flight was delayed since the airplane needed repairs. | 6. The game was called off due to heavy rain. | 7. The package was lost in transit despite being properly labeled.

8 제이슨이 빨간 파자마를 입고 춤추는 것이 목격되었다. (see, pajamas)

_____

9 나는 강제로 가게 되었다. (make)

_____

ANSWERS ··

8. Jason was seen to dance in red pajamas. | 9. I was made to go.

'말하다'라는 뜻의 동사들

tell, talk, say, speak의 어감 비교

1 tell, talk

'말하다'라는 뜻의 단어 중, **tell**은 **정보 전달을 주목적으로** 합니다. 그래서 **일방적이고 강압적인 느낌**을 줍니다. 말하는 이의 급한 마음이 있어 **tell 다음에 어떤 전치사도 오는 것을 허락하지 않고** 바로 목적어를 씁니다. 말하는 대상에게 바로 정보 전달을 하겠다는 의지입니다. '말하다'를 표현하는 네 단어 중에서 유일하게 전치사와 함께 쓰지 않습니다. 그래서 'tell to me'라고 하지 않고 'tell me'라고 합니다. 미국 초등학교에서는 수업 시간에 각자 물건을 가져와서 발표하는 활동 (show and tell)이 있습니다. 물건에 관련된 이야기를 반 친구들에게 전달하는 것입니다. 그래서 활동 이름이 'show and tell'이죠. 물건에 대한 정보를 전달한다는 의미입니다.

talk은 **tell과는 달리 부드럽고 상냥한 느낌**입니다. 일방적이 아니라, **서로 주고받으며 말한다는 뉘앙스**입니다. '카카오텔'이라 하지 않고 '카카오톡'이라고 이름을 지은 것도 이런 이유입니다. TV 프로그램 장르 중에 '토크쇼(talk show)'가 있습니다. 진행자가 초대 손님과 이런저런 얘기를 나누는 프로그램입니다. 서로 말을 주고받는 것이므로 '텔쇼(tell show)'라고 하지 않습니다.

누군가와 이야기를 나누고 싶을 때, 말하는 대상에 to를 쓰는 것과 with를 쓰는 것은 어감이 조금 다릅니다.

- **I want to talk to you.** 나는 너에게 얘기하고 싶어.
  → 약간 따지는 듯한 느낌입니다. 내가 말할 테니 너는 들으라는 뉘앙스입니다.

- **I want to talk with you.** 나는 너와 함께 얘기하고 싶어.
  → 위의 문장보다는 부드럽습니다. 대등한 관계를 나타내는 with를 썼으므로 내가 얘기하고 너도 얘기하라는 뉘앙스입니다.

tell은 형사가 용의자에게 심문할 때 사용합니다. 부드러운 상황이 아닙니다. 용의자로부터 정보를 획득하는 것이 최우선입니다. "Tell me what you did last night.(어젯밤에 뭘 했는지 말해.)"라고 할 수 있습니다. 그런데 변호사가 그 용의자를 변호하려고 왔습니다. 어떻게든 도와주려는 마음이 있으므로 부드러운 어감인 talk를 사용합니다. "Please talk to me what you did last night.(어젯밤에 뭘 했는지 나에게 말해 주세요.)"라고 할 수 있습니다.

병원에서 의사가 진료 후에 처방하는 것은 정보 전달의 목적이 크기 때문에 tell을 사용합니다. "The doctor told me to rest and drink plenty of water.(의사 선생님이 쉬고 충분한 물을 마시라고 나에게 말했다.)"라고 할 수 있습니다. 반면, 어떤 모임에 나갔는데 의사와 합석하게 되었고, 식사를 하면서 이런저런 얘기를 나누던 중 나에게 뭔가를 말했습니다. 이럴 때는 딱딱한 정보 전달이 목적이 아니라 염려하는 마음에서 편안하게 말하는 분위기입니다. "The doctor talked to me about the importance of getting enough sleep.(그 의사는 나에게 충분한 수면의 중요성에 대해서 말했다.)"이라고 말할 수 있습니다.

운전을 하고 가는데 경찰이 차를 세우라고 지시합니다. 일방적이고 강압적인 상황에서 정차를 하라는 정보 전달을 합니다. "The police officer told me to pull over my car.(그 경찰은 나에게 차를 세우라고 말했다.)"라고 할 수 있습니다. 그런데 경찰이라고 해서 무조건 tell을 쓰는 것은 아닙니다. 상황에 따라 talk을 쓸 수도 있습니다. 교통사고가 난 후에, 경찰이 나를 진정시키면서 말하는 경우라면 부드러운 느낌이 납니다. "After the accident, the police officer <u>talked to me</u> to gather information about what happened.(사고 후에 경찰이 무슨 일이 일어났는지 정보를 수집하기 위해 나에게 말을 걸었다.)"라고 할 수 있습니다. 또는 늦은 밤에 인적이 드물고 어두운 길을 걸어가고 있는데, 지나가던 경찰관이 걱정을 하며 나에게 말을 겁니다. "I was walking home late at night when a police officer <u>talked to me</u> to make sure I was okay and safe.(밤늦게 집으로 걸어가고 있는데 경찰관이 내가 안전하고 괜찮은지 확인하기 위해 말을 걸었다.)"라고 할 수 있습니다.

> **tell은 정보 전달을 목적으로 일방적으로 말하는 느낌이고,**
> **talk은 서로 주고받으며 말하는 느낌이다.**

2 speak

speak은 공식적이고 격식을 차릴 때 사용합니다. 정장을 입고 말하는 느낌입니다. 그래서 '대변인', '연사'를 speaker라고 합니다. 음악을 들을 때 사용하는 '스피커'도 speaker입니다. 동사 speak(말한다)에서 명사 speech(연설)가 됩니다.

한 남자가 정장을 입고 대중에게 연설하고 있습니다. "He is <u>speaking to the audience.</u>(그는 청중에게 연설하고 있다.)"라고 할 수 있습니다. 연설을 마치고 강연을 들은 사람들과 차를 마시며 얘기할 때는 부드러운 느낌이 납니다. "He is <u>talking to the audience.</u>(그는 청중에게 이야기하고 있다.)"라고 할 수 있습니다.

회사에서 거래처에 전화할 일이 있습니다. 전화를 걸어 Mr. Kim을 바꿔 달라고 합니다. 이럴 경우, 회사 일로 통화를 하는 것이므로 동사는 speak을 씁니다. 그리고 전치사는 대등을 표현하는 with, 일방적인 느낌의 to를 사용함으로써 뉘앙스를 조절할 수 있습니다. 좀 거리감이 있으면서 **공식적인 느낌, 존중의 느낌을 주고 싶을 때는 with**를 쓰고, **관계가 편안하고 부드러운 사이에는 to**를 사용할 수 있습니다.

- Can I **speak with** Mr. Kim? Kim 씨 좀 바꿔 주세요.
- Can I **speak to** Mr. Kim? Kim 씨 좀 바꿔 주세요.

Mr. Kim과 오랫동안 거래했고 사적으로 친해진 경우에는 공식적인 느낌이 나는 speak 대신에 부드러운 느낌이 나는 talk을 쓸 수도 있습니다. 이 또한 전치사 with, to를 이용하여 뉘앙스를 조절할 수 있습니다.

- Can I **talk with** Mr. Kim? Kim 씨 좀 바꿔 주세요.
- Can I **talk to** Mr. Kim? Kim 씨 좀 바꿔 주세요.

사무실에서 일을 하고 있는데 갑자기 상사가 나에게 얘기를 하자고 합니다. 상사가 speak이라는 단어를 사용하면 긴장할 필요가 있습니다. 공식적인 느낌이라 일에 관련된 말을 하고 싶다는 것입니다. 게다가 일방적인 느낌이 나는 to를 같이 사용하면, 그야말로 초긴장 상태로 들어갑니다.

- Can I **speak to** you? 제가 당신에게 얘기를 할 수 있을까요?

전치사 with를 사용하면 다소 부드러운 뉘앙스입니다. 사무적인 얘기이지만 대등의 느낌이 있는 with를 썼으니 상사도 말하고, 나도 말한다는 느낌이 있습니다. 그래도 여전히 좀 딱딱한 분위기입니다.

- Can I **speak with** you for a moment? 제가 당신과 잠깐 얘기할 수 있을까요?

---

speak은 공식적이고 격식을 차릴 때 주로 사용한다.

---

3 say

say는 '말하다'를 표현하는 동사 중에서 **가장 약한 뜻**을 가지고 있습니다. 특별한 느낌이 없습니다. 그래서 **다른 사람의 말을 전달할 때** 주로 사용합니다. 누구에게 말을 했는지를 얘기하려면 전치사 to를 사용합니다. 하지만 보통 말을 전달할 때는 '누구에게' 말하는지가 중요하기보다 '무엇을' 말하는지가 중요하기 때문에 say 뒤에 바로 that절로 말한 내용을 붙여 줍니다.

- He **said** to me I was cute. 그는 내가 귀여웠다고 나에게 말했다.

- People **say** that you are the most beautiful girl.
  사람들이 네가 가장 아름다운 여자라고 말한다.

- He **said** that he loved her more than anything in the world.
  그는 이 세상 그 무엇보다도 그녀를 사랑한다고 말했다.

- They **said** that they were excited to go on vacation next week.
  그들은 다음 주에 휴가를 가는 것이 신이 난다고 말했다.

- The weatherman **said** that it would be sunny and warm tomorrow.
  그 기상 캐스터는 내일 날씨가 맑고 따뜻할 것이라고 말했다.

- Most people **say** that they value honesty in their personal relationships.

  대부분의 사람들은 그들의 개인적인 관계에서 정직함을 중요시한다고 말한다.

- When asked about their hobbies, most people **say** that they enjoy reading or watching movies.

  취미에 대해 질문을 받으면, 대부분의 사람들은 독서나 영화 보는 것을 즐긴다고 말한다.

say는 다른 사람의 말을 전달할 때 주로 사용한다.

우리말을 보고 힌트를 참고해서 영작해 보세요.

1 나는 너에게 얘기하고 싶어.

_____

2 나는 너와 함께 얘기하고 싶어.

_____

3 어젯밤에 뭘 했는지 말해. (what)

_____

4 어젯밤에 뭘 했는지 나에게 말해 주세요. (Please)

_____

5 의사 선생님이 쉬고 충분한 물을 마시라고 나에게 말했다. (rest, plenty of)

_____

6 그 의사는 나에게 충분한 수면의 중요성에 대해 말했다. (importance, enough)

_____

7 그 경찰은 나에게 차를 세우라고 말했다. (pull over)

_____

8 사고 후에 경찰이 나에게 말을 걸었다. (accident)

_____

ANSWERS ....

1. I want to talk to you. | 2. I want to talk with you. | 3. Tell me what you did last night. | 4. Please talk to me what you did last night. | 5. The doctor told me to rest and drink plenty of water. | 6. The doctor talked to me about the importance of getting enough sleep. | 7. The police officer told me to pull over my car. | 8. After the accident, the police officer talked to me.

9 경찰관이 내가 안전하고 괜찮은지 확인하기 위해 말을 걸었다. (make sure, safe)

_____

10 그는 청중에게 연설하고 있다. (audience)

_____

11 그는 청중에게 이야기하고 있다. (audience)

_____

12 Kim 씨 좀 바꿔 주세요. (격식, 존중의 느낌) (can)

_____

13 Kim **씨** 좀 바꿔 주세요. (다소 편한 느낌)

_____

14 Kim **씨** 좀 바꿔 주세요. (사적으로 친해진 경우)

_____

15 Kim **씨** 좀 바꿔 주세요. (사적으로 친해지고 좀 더 편한 느낌)

_____

16 제가 당신에게 얘기를 할 수 있을까요? (공식적인 느낌)

_____

ANSWERS ....

9. A police officer talked to me to make sure I was okay and safe. | 10. He is speaking to the audience. | 11. He is talking to the audience. | 12. Can I speak with Mr. Kim? | 13. Can I speak to Mr. Kim? | 14. Can I talk with Mr. Kim? | 15. Can I talk to Mr. Kim? | 16. Can I speak to you?

⑰ 제가 당신과 잠깐 얘기할 수 있을까요? (다소 부드러운 느낌) (moment)

_____

⑱ 그는 내가 귀여웠다고 나에게 말했다. (cute)

_____

⑲ 사람들이 네가 가장 아름다운 여자라고 말한다. (beautiful)

_____

⑳ 그는 이 세상 그 무엇보다도 그녀를 사랑한다고 말했다. (anything)

_____

㉑ 그들은 다음 주에 휴가를 가는 것이 신이 난다고 말했다. (excited, vacation)

_____

㉒ 그 기상 캐스터는 내일 날씨가 맑고 따뜻할 것이라고 말했다. (weatherman)

_____

㉓ 대부분의 사람들은 그들의 개인적인 관계에서 정직함을 중요시한다고 말한다.
(value, honesty, relationships)

_____

ANSWERS

17. Can I speak with you for a moment? | 18. He said to me I was cute. | 19. People say that you are the most beautiful girl. | 20. He said that he loved her more than anything in the world. | 21. They said that they were excited to go on vacation next week. | 22. The weatherman said that it would be sunny and warm tomorrow. | 23. Most people say that they value honesty in their personal relationships.

간접의문문

간접의문문=주어+동사+주어+동사

1 간접의문문의 형태와 쓰임

'간접의문문'은 질문 내용을 직접 묻지 않고 간접적으로 물어보는 문장 형태를 말한다고 합니다. 간접의문문이라고 하면 모두 의문문이 되어야 할 것 같은데, 의문문이 아닌 문장도 있습니다. 왜 의문문이 아닌데 '간접의문문'이라고 부를까요? 여기에는 '의문사절'이라는 것이 들어가기 때문에 그렇습니다. 애매하고 불명확한 용어로 인해 혼란스러울 수 있지만, 간접의문문을 단지 **주어+동사+주어+동사**'라는 형태로 보면 문장을 훨씬 간편하게 볼 수 있습니다.

간접의문문 = 주어+동사(S+V)+주어+동사(S+V)

간접의문문을 **'S+V+S+V'**로 정의하고, 예시 문장들을 보겠습니다.

- **Do <u>you</u> <u>know</u> what time <u>it</u> <u>is</u>?** 너는 몇 시인지 아니?
      S   V   S V

- **Do <u>you</u> <u>know</u> where <u>he</u> <u>lives</u>?** 너는 그가 어디에 사는지 아니?
      S   V   S V

- **Do <u>you</u> <u>know</u> if <u>she</u> <u>is</u> a teacher?** 너는 그녀가 선생님인지 (아닌지) 아니?
      S   V   S V

- **Do <u>you</u> <u>know</u> if <u>she</u> <u>was</u> sick today?** 너는 그녀가 오늘 아팠는지 (아닌지) 아니?
      S   V   S V

- Do **you know** when **she will arrive**? 너는 그녀가 언제 도착할지 아니?
  S   V   S   V

- Can **you tell** me where **students can find** this book?
      S   V   S   V

  학생들이 어디에서 이 책을 찾을 수 있는지 나에게 말해 줄 수 있니?

- Could **you let** me know where **we can start** this work?
        S   V   S   V

  어디에서 우리가 이 일을 시작할 수 있는지 나에게 알려줄 수 있니 ?

- Do **you happen** to know how long **the meeting will last**?
      S   V   S   V

  너는 혹시 그 회의가 얼마나 오래 지속될지 아니?

- Do **you know** where **the nearest hospital is** from here?
      S   V   S   V

  너는 여기에서 가장 가까운 병원이 어디에 있는지 아니?

- Do **you have** any idea why **she is** crying like that?
      S   V   S V

  너는 그녀가 왜 저렇게 울고 있는지 혹시 아니?

- **I don't care** what **you did**. 나는 네가 무엇을 했는지 신경 쓰지 않는다.
  S   V   S   V

- **I don't care** who **you are**. 나는 네가 누구인지 신경 쓰지 않는다.
  S   V   S   V

- **I want to know** why **she was** late. 나는 그녀가 왜 늦었는지 알고 싶다.
  S   V   S   V

- **I don't know** what **he wants**. 나는 그가 무엇을 원하는지 모른다.
  S   V   S   V

- **I don't know** where **the fire station is**. 나는 소방서가 어디에 있는지 모른다.
  S   V   S   V

- I don't know where he lives exactly. 나는 그가 정확히 어디에 사는지 모른다.
  S V   S   V

- No one knows where he went. 그가 어디로 갔는지 아무도 모른다.
   S   V   S   V

- I doubt if this is what they want. 나는 이것이 그들이 원하는 것인지 의심된다.
  S V   S   V

- We should check if this is correct. 우리는 이것이 정확한지 확인해야 한다.
  S   V   S   V

- We need to confirm whether or not she is coming today.
  S V   S   V

  우리는 그녀가 오늘 올지 안 올지 확인할 필요가 있다.

'간접의문문'은 '주어+동사+주어+동사'의 형태로,
의문사절을 포함하고 있는 문장이다.

1 너는 몇 시인지 아니? (time)

_____

2 너는 그가 어디에 사는지 아니? (live)

_____

3 너는 그녀가 선생님인지 (아닌지) 아니?

_____

4 너는 그녀가 오늘 아팠는지 (아닌지) 아니?

_____

5 너는 그녀가 언제 도착할지 아니? (arrive)

_____

6 학생들이 어디에서 이 책을 찾을 수 있는지 나에게 말해 줄 수 있니? (tell, find)

_____

7 어디에서 우리가 이 일을 시작할 수 있는지 나에게 알려 줄 수 있니? (let, work)

_____

ANSWERS

1. Do you know what time it is? | 2. Do you know where he lives? | 3. Do you know if she is a teacher? | 4. Do you know if she was sick today? | 5. Do you know when she will arrive? | 6. Can you tell me where students can find this book? | 7. Could you let me know where we can start this work?

8 너는 혹시 그 회의가 얼마나 오래 지속될지 아니? (happen, meeting, last)

_____

9 너는 여기에서 가장 가까운 병원이 어디에 있는지 아니? (nearest, from)

_____

10 너는 그녀가 왜 저렇게 울고 있는지 혹시 아니? (any idea, like)

_____

11 나는 네가 무엇을 했는지 신경 쓰지 않는다. (care)

_____

12 나는 네가 누구인지 신경 쓰지 않는다. (care)

_____

13 나는 그녀가 왜 늦었는지 알고 싶다. (want, late)

_____

14 나는 그가 무엇을 원하는지 모른다.

_____

15 나는 소방서가 어디에 있는지 모른다. (fire station)

_____

ANSWERS ···

8. Do you happen to know how long the meeting will last? | 9. Do you know where the nearest hospital is from here? | 10. Do you have any idea why she is crying like that? | 11. I don't care what you did. | 12. I don't care who you are. | 13. I want to know why she was late. | 14. I don't know what he wants. | 15. I don't know where the fire station is.

16 나는 그가 정확히 어디에 사는지 모른다. (exactly)

_____

17 그가 어디로 갔는지 아무도 모른다.

_____

18 나는 이것이 그들이 원하는 것인지 의심된다. (doubt)

_____

19 우리는 이것이 정확한지 확인해야 한다. (should, correct)

_____

20 우리는 그녀가 오늘 올지 안 올지 확인할 필요가 있다. (confirm, today)

_____

ANSWERS ···

16. I don't know where he lives exactly. | 17. No one knows where he went. | 18. I doubt if this is what they want. | 19. We should check if this is correct. | 20. We need to confirm whether or not she is coming today.

UNIT 16 가정법
if로 다양한 가정법 만들기

1 if 조건문

'~한다면', '~이라면'을 표현할 때 영어에서는 **if**절을 사용합니다. 예를 들어, '네가 이것을 좋아한다면'은 'If you like this'라고 하고, '네가 이것을 먹는다면'은 'If you eat this'라고 합니다.

유학 시절, 인도에서 온 친구가 저를 포함해서 팀 친구들을 저녁 식사에 초대한 적이 있습니다. 메뉴는 전통 요리인 향이 아주 강한 카레였어요. 낯선 음식을 잘 못 먹는 저는 미안하지만 못 먹겠다고 사양했습니다. (평소에 친한 사이였기에 할 수 있는 말입니다. 보통 식사 초대에서 음식을 못 먹겠다고 하는 것은 큰 실례입니다.) 그 친구는 괜찮지만 만약 먹으면 10달러를 주겠다고 장난을 쳤습니다.

- **If** you **eat** this, I **will give** you $10.
  네가 이것을 먹는다면, 난 너에게 10달러를 줄 것이다.
  → If를 사용하여 '이것을 먹는다면'이라는 표현을 했습니다. 이런 문장을 '조건문'이라고 합니다.

그 친구가 will을 썼으니, 의지가 상당히 높음을 알 수 있습니다. 결국 저는 그 카레를 다 먹었고, 10달러를 받았습니다. 그런데 저와 같이 있던 다른 친구는 낯선 음식이 힘들었던지 카레 대신 다른 음식으로 식사를 마쳤습니다. 인도 친구는 그 친구에게 다음과 같이 말했습니다.

196

• **If you ate this, I would give you $10.**

네가 이것을 먹었다면, 난 너에게 $10달러를 줬을 것이다.

→ 이 문장은 조건문이 아니라 '가정법 과거 문장'을 사용했습니다. 여기서 핵심은 ate이라는 과거 동사를 쓴 점, will이 아니라 would를 쓴 점입니다. 아래에서 자세히 살펴보겠습니다.

> **if절을 사용하면서 will을 함께 쓰면**
> **'조건문'이라고 한다.**

② 가정법 과거

"If you ate this, I would give you $10.(네가 이것을 먹었다면, 난 너에게 10달러를 줬을 것이다.)" 이 문장에서는 동사 ate을 썼습니다. 이미 식사를 끝낸 상태에서 과거의 상황을 말하는 것이므로, if절의 해석은 '네가 이것을 먹었더라면'이 됩니다. 이미 지나간 시간으로 되돌아간다는 것은 말이 되지 않습니다. 이처럼 **말이 안 되는 상황의 문장을 '가정법' 문장**이라고 합니다. 여기에서는 ate이라는 과거 동사를 썼기 때문에 **'가정법 과거'**라고 하고, **현재의 사실을 반대로 얘기할 때** 사용합니다.

'가정'이라는 말은 어떤 불가능한 상황을 얘기할 때 쓰는 표현입니다. 예를 들면,

• **내가 새라면** (나는 새가 될 수 없습니다)
• **내가 너라면** (내가 상대방이 될 수 없습니다)
• **내가 부자라면** (지금 가난한 상태인데, 가정해 보는 말입니다)
• **지금 눈이 온다면** (지금은 여름인데, 가정해 보는 말입니다)
• **내가 학창시절에 열심히 공부했더라면** (지금은 성인이 되어서 하는 말입니다)

보통 영어에서 가정법 과거 문장은 이렇게 씁니다.

If + 주어 + were ~/과거 동사, 주어 + would/could/might + 동사원형

가정법에서는 will/can/may 대신 **would/could/might**를 써야 합니다. 말이 안 되는 상황, 불가능한 상황 등을 말할 때, 조동사를 사용해야 한다면 아무래도 **실현 가능성이 많이 떨어지는 말**을 써야 하기 때문입니다.

우리말로 '내가 만약 너라면'이라는 의미여도 영어로는 '내가 만약 너였다면'이라고 표현합니다. '가정법=말이 안 되는 상황=시간을 거슬러 가는 것'은 모두 공통점이 있습니다. 그래서 이 경우에는 과거 시제를 사용합니다. 여기서 if절은 'If I was you'라고 해야 할 것 같지만, 이상하게 be동사의 과거형은 주어에 상관없이 were만을 사용합니다. 아무래도 말이 안 되는 상황이니까 굳이 인칭에 맞추어 사용할 필요가 없다고 생각한 듯합니다.

- **If I were you, I would marry him.** 내가 너였다면, 나는 그와 결혼했을 것이다.
  - → 위 문장에서는 I가 you가 되는 것은 불가능하고, 그러므로 내가 그와 결혼할 수 없습니다. 말이 안 되는 상황을 상상하는 것이므로 will과 would 중에 가능성이 낮은 would를 쓰는 것입니다.

- **If I were a bird, I could fly to you.**
  내가 새였다면, 너에게 날아갈 수 있었을 것이다.
  - → 학교에서 이 문장을 배울 때 "내가 새라면, 나는 너에게 날아갈 수 있을 텐데."라고 해석하곤 했습니다. 그렇지만 있는 그대로 해석하면 더 쉽게 의미를 이해할 수 있습니다.

- **If I were a bear, I would sleep for whole winter.**
  내가 곰이었더라면, 나는 겨울 내내 잤을 것이다.
  - → 사람이 곰이 될 수는 없기 때문에 이렇게 얘기했습니다.

가정법 과거 문장은 **성취하기 어려운 일에 대한 바람**, 즉 **'이뤄질 가능성이 낮은 일'**을 나타낼 때도 쓸 수 있습니다. 예를 들어, 노래를 잘 못 하는 사람은 다음과 같이 말할 것입니다.

- **I wish I could sing** well. 나는 노래를 잘 부를 수 있기를 바란다.

살이 찔 것을 염려해서 마음 놓고 먹지 못하는 사람은 이렇게 얘기할 것입니다.

- **I wish I could eat** whatever I want without gaining weight.
  나는 체중 증가 없이 내가 원하는 무엇이든 먹을 수 있기를 바란다.

주말마다 일을 해야 하는 식당 주인은 이런 희망을 해 볼 겁니다.

- **I wish I didn't have to work** on weekends.
  나는 주말마다 일하지 않아도 되기를 바란다.

아이가 있는 집을 상상해 보겠습니다. 보통 아이는 저녁 9시에 자는데, 이제 8시 50분이 되었습니다. 그러면 엄마는 이렇게 얘기합니다. "It is time for you to go to bed.(너 자러 가야 할 시간이야.)"
그런데 어느 날, 엄마가 바빠서 아이를 챙기지 못했습니다. 벌써 밤 10시인데 아이가 TV를 보고 있습니다. 아이를 발견한 엄마의 마음은 타임머신을 타고 9시로 되돌아가서 아이에게 말합니다. 그래서 과거 동사(went)를 사용합니다. "It is time you went to bed.(네가 자러 갔어야 하는 시간이다.)" 이처럼 지금 과거의 상황을 이야기할 때 가정법 과거에서는 과거 동사를 사용합니다.

③ 가정법 과거 완료

가정법 과거 완료 문장은 다음과 같이 만듭니다. 이는 **과거 사실에 대한 반대의 일**을 말할 때 사용합니다.

If + 주어 + had p.p., 주어 + would/could/might + have p.p.

위와 같이 공식을 외워도 되지만, 원어민이 보는 방식으로 문장을 이해하는 것이 중요합니다. 앞에서 가정법 과거를 쓰는 것은 현재의 사실을 반대로 말할 때 쓴다고 했습니다. 그런데 과거의 사실을 반대로 말할 때는 어떻게 할까요? 이미 앞에서 과거 시제를 써 버렸으니 '대과거'를 써야 합니다.

예를 들어, 공부를 열심히 하지 않아서 시험에 불합격한 상황을 생각해 보겠습니다. 결과를 보고 후회하면서 공부를 열심히 했더라면 시험에 합격했을 거라는 말을 할 수 있겠죠. 시험에 불합격한 것은 이미 벌어진 과거인데, 시험에 합격했을 거라는 반대 상황을 상상하는 것입니다. 과거 상황으로 가서 가정법을 만드는 것입니다. 말이 안 되는 가정법을 만드는 방법은 과거 문장을 쓰는 것이므로, 과거의 과거, 즉 대과거(had+p.p.)를 사용해 줍니다.

- If I **had studied** harder, I **would have passed** the exam.
  내가 더 열심히 공부했더라면, 나는 그 시험에 합격할 수 있었을 텐데.

'시험에 합격했을 텐데'는 과거에 시험에 합격한 상태를 가지고 있는 것을 상상하는 것이므로, 'have+p.p.'를 써 줍니다. 그리고 일어날 가능성이 낮은 조동사 would/could/might를 사용합니다. 아래에서 예문을 좀 더 살펴보겠습니다.

- If I **had married** my first love, I **would have had** the girl like you.

  내가 내 첫사랑과 결혼했었더라면, 나에게 너 같은 딸이 있었을 것이다(너 같은 딸을 가지고 있는 상태를 가지고 있을 것이다).

- If we **had booked** our tickets earlier, we **would have gotten** better seats.

  우리가 더 일찍 표를 예매했었더라면, 우리는 더 좋은 자리를 가졌을 것이다.

- If she **had checked** the weather forecast, she **wouldn't have forgotten** her umbrella.

  그녀가 일기 예보를 확인했었더라면, 그녀는 우산을 잊지 않았을 것이다.

- If she **had listened** to my advice, she **wouldn't have made** that mistake.

  그녀가 내 충고를 들었더라면, 그녀는 그런 실수를 하지 않았을 것이다.

- If I **had known** about the traffic, I **would have left** earlier.

  내가 교통체증에 대해 알았었더라면, 나는 더 일찍 떠났을 것이다.

- If she **had arrived** earlier, we **could have started** the meeting on time.

  그녀가 더 일찍 도착했었더라면, 우리는 제시간에 회의를 시작했을 것이다.

- If we **had taken** the highway, we **would have avoided** the traffic.

  우리가 그 고속도로를 탔었더라면, 우리는 교통체증을 피했을 것이다.

> 과거의 사실을 반대로 얘기할 때는
> '가정법 과거 완료' 문장을 쓴다.

④ 혼합 가정법

'혼합 가정법'은 if절에는 'had+p.p.'를 쓰고, 주절에는 가정법 과거의 형태를 사용합니다. 즉, would/could/might 뒤에 동사원형을 쓰는 것입니다.

예를 들어 보겠습니다. 그녀가 어젯밤에 늦게 잠자리에 들어서 오늘 피곤하다는 내용입니다. 말하는 시점은 오늘이고, 어제 이미 일어난 일을 반대 상황으로 상상하는 것이므로 대과거를 사용합니다. 주절 또한 지금의 반대 상황을 말하는 것이므로 일어날 가능성이 낮은 would를 썼습니다.

- If she **had gone** to bed earlier, she **wouldn't be** so tired today.
  그녀가 좀 더 일찍 잤더라면, 오늘 그렇게 피곤하지 않을 것이다.

아래에서 예문을 좀 더 살펴보겠습니다.

- If we **had brought** our umbrellas, we **wouldn't be** getting wet in the rain now.
  만약 우리가 우산을 가지고 왔더라면, 지금 비에 젖고 있지 않을 것이다.
- If I **had married** my first love, I **would have** the girl like you now.
  내가 첫사랑과 결혼했더라면, 너 같은 딸이 있을 것이다.

- If you **had taken** the job offer, you **would be** making more money.

  만약 네가 그 일자리 제안을 받아들였더라면, 너는 더 많은 돈을 벌고 있을 것이다.

- If they **had invested** in the stock market last year, they **would have** a lot of money by now.

  그들이 작년에 주식 시장에 투자했더라면, 그들은 지금쯤 많은 돈을 가지고 있을 것이다.

> '혼합 가정법'은 if절에 'had+p.p.'를 쓰고,
> 주절에 'would/could/might+동사원형'을 사용한다.

REVIEW

우리말을 보고 힌트를 참고해서 영작해 보세요.

1 네가 이것을 먹는다면, 난 너에게 10달러를 줄 것이다. (eat, give)

_____

2 네가 이것을 먹었다면, 난 너에게 10달러를 줬을 것이다. (eat, give)

_____

3 내가 너였다면, 나는 그와 결혼했을 것이다. (marry)

_____

4 내가 새였다면, 너에게 날아갈 수 있었을 것이다. (fly)

_____

5 내가 곰이었더라면, 나는 겨울 내내 잤을 것이다. (bear, sleep, whole)

_____

6 나는 노래를 잘 부를 수 있기를 바란다. (wish, well)

_____

7 나는 체중 증가 없이 내가 원하는 무엇이든 먹을 수 있기를 바란다.

(wish, whatever, weight)

_____

_____

ANSWERS ··

1. If you eat this, I will give you $10. | 2. If you ate this, I would give you $10. | 3. If I were
you, I would marry him. | 4. If I were a bird, I could fly to you. | 5. If I were a bear, I would
sleep for whole winter. | 6. I wish I could sing well. | 7. I wish I could eat whatever I
want without gaining weight.

8 나는 주말마다 일하지 않아도 되기를 바란다. (wish, weekends)

_____

9 내가 더 열심히 공부했더라면, 나는 그 시험에 합격할 수 있었을 텐데. (harder, pass)

_____

10 내가 내 첫사랑과 결혼했었더라면, 나는 너 같은 딸이 있었을 것이다. (marry, have)

_____

11 우리가 더 일찍 표를 예매했었더라면, 우리는 더 좋은 자리를 가졌을 것이다.
(book, get)

_____

12 그녀가 일기 예보를 확인했었더라면, 그녀는 우산을 잊지 않았을 것이다.
(check, forecast, forget)

_____

13 그녀가 내 충고를 들었더라면, 그녀는 그런 실수를 하지 않았을 것이다.
(advice, mistake)

_____

14 내가 교통체증에 대해 알았었더라면, 나는 더 일찍 떠났을 것이다. (traffic, leave)

_____

ANSWERS

8. I wish I didn't have to work on weekends. | 9. If I had studied harder, I would have passed the exam. | 10. If I had married my first love, I would have had the girl like you. | 11. If we had booked our tickets earlier, we would have gotten better seats. | 12. If she had checked the weather forecast, she wouldn't have forgotten her umbrella. | 13. If she had listened to my advice, she wouldn't have made that mistake. | 14. If I had known about the traffic, I would have left earlier.

15 그녀가 더 일찍 도착했었더라면, 우리는 제시간에 회의를 시작할 수 있었을 것이다.
(arrive, on time)

_____

16 우리가 그 고속도로를 탔었더라면, 우리는 교통체증을 피했을 것이다. (highway, avoid)

_____

17 그녀가 좀 더 일찍 잤더라면 오늘 그렇게 피곤하지 않을 것이다. (go to bed, tired)

_____

18 만약 우리가 우산을 가지고 왔더라면, 지금 비에 젖고 있지 않을 것이다. (bring, get wet)

_____

19 내가 첫사랑과 결혼했더라면, 너 같은 딸이 있을 것이다. (marry, have)

_____

20 만약 네가 그 일자리 제안을 받아들였더라면, 나는 더 많은 돈을 벌고 있을 것이다.
(take, offer, make)

_____

21 그들이 작년에 주식 시장에 투자했더라면, 그들은 지금쯤 많은 돈을 가지고 있을 것이다.
(invest, stock market, by now)

_____

ANSWERS ....

15. If she had arrived earlier, we could have started the meeting on time. | 16. If we had taken the highway, we would have avoided the traffic. | 17. If she had gone to bed earlier, she wouldn't be so tired today. | 18. If we had brought our umbrellas, we wouldn't be getting wet in the rain now. | 19. If I had married my first love, I would have the girl like you now. | 20. If you had taken the job offer, you would be making more money. | 21. If they had invested in the stock market last year, they would have a lot of money by now.

UNIT 17 with 부대 상황

문장에 문장을 덧붙이기

부대 상황은 '띠를 하나 덧붙인다'라는 말입니다. '띠'는 문장(S+V)을 뜻하는 말로, 이미 있는 문장에 문장 하나를 추가로 붙이는 용법입니다.

문장(S+V)　　with　　문장(S+V)

문장을 덧붙이는 자세한 방법은 아래 예시에서 살펴보겠습니다.

- **Don't sleep with your mouth open.** 입을 연 채로 잠을 자지 마.
  - → 첫 번째 문장 "Don't sleep.(자지 마.)"에 "Your mouth is open.(너의 입은 열려 있어.)"을 덧붙인 것입니다. 문장에서는 원칙적으로 동사가 하나여야 하므로 덧붙인 문장에서 is를 생략하고 with로 연결해 줍니다.

- **The woman was talking on the phone with her eyes closed.**
  그 여자는 통화를 하면서 눈을 감고 있었다.
  - → "The woman was talking on the phone.(그 여자는 통화를 하고 있었다.)" + "Her eyes were closed.(그녀의 눈들은 닫혀 있었다.)" 덧붙이는 뒷문장에서 were를 생략했습니다.

- **The car was driving down the road with the radio playing.**
  그 차는 라디오를 튼 채로 도로를 달리고 있었다.
  - → "The car was driving down the road.(그 차는 도로를 달리고 있었다)" + "The radio was playing.(라디오가 나오고 있었다.)" 덧붙이는 뒷문장에서 was를 생략했습니다.

- **The children were playing in the yard with their parents watching.**

  부모님이 지켜보는 상태에서 아이들은 마당에서 놀고 있었다.

  → "The children were playing in the yard.(아이들은 마당에서 놀고 있었다.)" + "Their parents were watching.(그들의 부모님이 지켜보고 있었다.)" 덧붙이는 뒷문장에서 were를 생략했습니다.

- **The girl was walking down the street with her head down.**

  그 소녀는 고개를 숙인 채 거리를 걸어가고 있었다.

  → "The girl was walking down the street.(그 소녀는 거리를 걸어가고 있었다.)" + "Her head was down.(그녀의 머리는 아래로 향해 있었다.)" 덧붙이는 뒷문장에서 was를 생략했습니다.

- **The man was sitting at the table with a cup of coffee in his hand.**

  그 남자는 손에 커피 한 잔을 들고 테이블에 앉아 있었다.

  → "The man was sitting at the table.(그 남자는 테이블에 앉아 있었다.)" + "A cup of coffee was in his hand.(커피 한 잔이 그의 손에 있었다.)" 덧붙이는 뒷문장에서 was를 생략했습니다.

REVIEW

우리말을 보고 힌트를 참고해서 영작해 보세요.

1 입을 연 채로 잠을 자지 마. (sleep, open)

_____

2 그 여자는 통화를 하면서 눈을 감고 있었다. (talking, closed)

_____

3 그 차는 라디오를 튼 채로 도로를 달리고 있었다. (driving, playing)

_____

4 부모님이 지켜보는 상태에서 아이들은 마당에서 놀고 있었다. (playing, watching)

_____

5 그 소녀는 고개를 숙인 채 거리를 걸어가고 있었다. (walking, down)

_____

6 그 남자는 손에 커피 한 잔을 들고 테이블에 앉아 있었다. (sitting)

_____

ANSWERS

1. Don't sleep with your mouth open. | 2. The woman was talking on the phone with her eyes closed. | 3. The car was driving down the road with the radio playing. | 4. The children were playing in the yard with their parents watching. | 5. The girl was walking down the street with her head down. | 6. The man was sitting at the table with a cup of coffee in his hand.

관계대명사
관계대명사 제대로 알기

1 관계대명사 제대로 알기

영어는 명사를 구체적으로 표현하기 위해 여러 방법을 사용하는데, 그중에 하나는 '주어+동사(s+v)'를 사용해서 구체적으로 표현하는 것입니다.

• That's the window **that** I designed. 저것은 내가 디자인한 창문이다.
                                    S   V

여기에서 **that**이 나오는데, 이는 학교 다닐 때 배웠던 '**관계대명사**'라는 것입니다. 이 문장에서 핵심은 that을 왜 사용했냐를 제대로 아는 것입니다. 한글 해석만 보면 관계대명사 that은 별 의미가 없어 보입니다. 원어민들은 이 문장을 "저것은 창문인데, (그 창문을) 내가 디자인했다."라는 구조로 생각합니다. "That's the window."와 "I designed the window."를 하나로 합치면서 the window를 두 번 써야 하는데, 똑같은 말의 반복을 피하고자 that을 사용하였습니다. 즉, that은 the window를 의미합니다.

이처럼 한 문장에서 앞에 나온 말을 다시 쓸 때 이를 '**겹친다**'라고 이 책에서는 표현하겠습니다. 이런 경우에 문장 안에서 쓰인 that을 '**관계대명사**'라고 합니다.

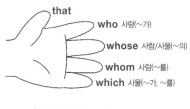

〈관계대명사의 종류〉

'관계대명사'는 한 문장에서 **앞서 나온 명사(선행사)**를 다시 한 번 써야 할 때 반복을 피하려고 쓰는 말입니다. 종류는 **'that, who, whose, whom, which' 총 5개**입니다. 편의상 엄지손가락(that)은 대장이고 나머지 4개는 졸병이라 하겠습니다. 졸병은 사람과 사물로 나뉘는데, 사람 졸병은 'who, whom'이고, 사물 졸병은 'which'입니다. whose는 얄밉게도 사람 졸병도 됐다가 사물 졸병도 될 수 있습니다.

대장(that)과 졸병(who, whose, whom, which)과의 관계를 알면 관계대명사를 이해하는 데 많은 도움이 됩니다.

① 대장과 졸병은 서로 돕습니다.

엄지손가락을 구부려 다른 손가락에 닿을 수 있으면 서로 바꿔 쓸 수 있습니다. 즉, 대장과 졸병은 서로 돕습니다. (단, 얄미운 whose만 도와주지 않습니다.)

- **The girl that has red hair is very pretty.**
  = The girl who has red hair is very pretty.
  빨간 머리카락을 가진 그 소녀는 매우 예쁘다.

  → "그 소녀 (그런데) 그녀는 빨간 머리카락을 가지고 있는데, 매우 예쁘다." 한국식으로 해석하면 'that'을 따로 해석하지 않습니다. 그런데 영어식 사고는 'that'의 의미를 꼭 나타내 줍니다. 여기서 that은 '겹치는 that'입니다. 즉, "The girl has red hair.(그 소녀는 빨간 머리카락을 가지고 있다.)"에서 겹치는 the girl 위치에 that을 넣어 준 것입니다.

- The girl **that** I met is very pretty. 내가 만났던 그 여자는 예쁘다.
  = The girl **whom** I met is very pretty.
  = The girl **who** I met is very pretty.
  = The girl I met is very pretty.
    → "그 소녀 (그런데) 내가 그녀를 만났는데, 매우 예쁘다." 여기에서 that은 '그녀를'이라는 의미이고, '~를(목적격)'은 관계대명사 whom, who를 대신 사용해도 됩니다. 또한 생략도 가능합니다.

- The girl **whose** hair is red is very pretty.
  빨간 머리카락의 그 소녀는 매우 예쁘다.
    → "그 소녀 (그런데) 그녀의 머리카락은 빨간색인데, 매우 예쁘다." 여기서 대장(that)은 whose를 돕지 않습니다. 그래서 that으로 대체해서 쓸 수 없습니다.

② 중요하고 강조하는 일은 모두 대장이 합니다.

선행사로 '-thing(something, nothing, anything…) all, every, no, any, 형용사의 최상급, 서수, the very, the only, the same' 등이 나올 때는 대장이 맡아서 처리합니다.

- Can you give me **something that** I can use to clean the bathroom?
  내가 화장실을 청소하기 위해 사용할 뭔가를 줄래?
    → "나에게 뭔가를 줄 수 있니? (그런데) 그 뭔가를 내가 화장실 청소에 사용할 수 있어."라는 뜻으로, 선행사가 something일 때는 which로 대체할 수 없고, that만 쓸 수 있습니다.

- This is **the only** book **that** has made me cry.
  이것은 나를 울게 한 유일한 책이다.
- There is **nothing that** we can eat. 우리가 먹을 수 있는 것이 없다.
- Is there **anything that** we can eat? 우리가 먹을 수 있는 뭔가가 있나요?
- This is **the same** car **that** I want to buy.
  이것은 내가 사고 싶어 하는 것과 똑같은 자동차이다.
- You are **the first** person **that** I want to meet.
  당신은 내가 만나고 싶어 하는 첫 번째 사람입니다.

③ 애매한 경우에는 대장이 나섭니다.

선행사가 '**사람+사물**'일 때, 이것을 사람으로 봐야 할지 사물로 봐야 할지 구별하기 어려우므로 대장(that)이 나섭니다.

- Look at **the boy and the dog that** are running in the park.
  공원에서 달리고 있는 저 소년과 개를 봐.
  - → "봐라, 저 소년과 개를 (그런데) 그들은 공원에서 달리고 있다." 소년은 사람이고 개는 동물이므로 이런 애매한 경우에는 that을 사용합니다.

④ 쉼표가 있으면 졸병에게 일을 넘깁니다.

대장 앞에서 누군가가 쉰다면(쉼표), 대장은 기분이 나빠서 졸병한테 일을 시키고 집에 가 버립니다.

- I bought a car**, which** is nice. 나는 차를 한 대 샀다. 그런데 그 차는 좋다.
  - → 이 문장에는 대장(that) 앞에 쉼표(,)가 있습니다. 감히 누군가가 대장 앞에서 쉬면 대장은 기분이 안 좋을 것입니다. 그래서 졸병(which)에게 일을 넘깁니다.

⑤ 대장은 혼자 일합니다.

전치사가 함께 쓰여야 하는 경우, 대장은 빠지고 졸병만 남습니다. 즉, 대장은 오직 혼자 일합니다.

- This is the man **with whom** I want to talk.
  이 사람은 내가 얘기하고 싶은 남자다.
  - → "이 사람은 그 남자이다. (그런데) 나는 그 남자와 얘기하고 싶다." 여기서는 관계대명사 앞에 with라는 전치사가 함께 쓰였습니다. 이 경우, 대장(that)은 빠지고 졸병이 대신 일합니다.

② 전치사+관계대명사

관계대명사를 보다 보면 가끔 '전치사+관계대명사(with whom, with which, to whom...)'가 보입니다. 이런 형태는 뒤부터 해석하는 것이 아니라 앞부터 뒤로 해석해 주면 됩니다.

- **This is the man with whom I want to talk.**
  이 사람은 그 남자이다 (그런데) 그 남자와 함께 나는 이야기하고 싶다.

- **The hotel offers a shuttle service with which guests can reach the airport.**
  그 호텔은 셔틀 서비스를 제공한다 (그런데) 그 셔틀 서비스와 함께 손님들은 공항에 도달할 수 있다.

- **The supervisor gave instructions to the employee to whom the task was assigned.**
  상관은 그 직원에게 지시 사항을 줬다 (그런데) 그 직원에게 그 일이 배정되었다.

'전치사+관계대명사'는 '전치사+명사'로 볼 수 있습니다. 이 둘은 너무 사랑하기에 항상 붙어 있습니다. 그런데 간혹 아래 문장처럼 전치사가 문장 맨 뒤로 가면서 떨어질 때도 있습니다.

- **This is the man whom I want to talk with.**

이런 문장이 되면, '전치사+명사'로 된 문장에 비해 상당히 불안정한 구조가 되어 버립니다. 서로 붙어 다녀야 할 전치사와 명사가 떨어져 있기 때문입니다. 그런데 이 문장 구조 또한 문법적으로 맞고, 일상생활에서 흔히 쓰입니다.

영어가 모국어가 아닌 우리가 볼 때는 '전치사+명사'가 붙어 있는 형태가 더 이해하기 쉽습니다. 해석도 영어식으로 하면 됩니다. "이 사람은 그 남자이다 (그런데) 그 남자와 함께 나는 얘기하고 싶다." 이를 단순히 "이 사람은 내가 얘기하고 싶은 사람이야."라고 해석하면, 학습자의 입장에서 with의 느낌을 살릴 수 없어 혼란스러울 수 있습니다.

아래 문장처럼, 목적격 관계대명사(whom)을 생략하고 쓸 수도 있습니다.

- **This is the man I want to talk with.**

> **'전치사+관계대명사'는 항상 붙어 있어야 하지만,**
> **때에 따라 떨어져서 사용되기도 한다.**

③ 관계대명사의 한정적 용법과 계속적 용법

'한정적 용법'에서 한정적이라는 말은 '제한하다'라는 의미입니다. 다른 말로 표현하면 '수식하다', '꾸미다'라고 할 수도 있습니다. 이러한 용어는 원어민의 입장이 아닌 우리말의 입장에서 영어를 바라본 것에서 원인을 찾을 수 있습니다.

'The girl that I met'에서 'that I met'이 the girl을 수식(한정)하는 것으로 보고, 뒤에서 앞으로 해석하여 '내가 만났던 그 여자'가 됩니다. 이 표현이 익숙한 이유는 그동안 영어를 해석하는 방식을 이렇게 배웠기 때문입니다. 영어식으로 보면 그냥 앞에서 뒤로 해석하면 됩니다. '그 소녀 (그런데) 그 소녀를 내가 만났다'가 되는데, 아무래도 우리말로는 제대로 정리가 되지 않은 느낌이고, 어색하게 보일 수 있습니다. 그래도 영어는 영어식으로 보는 것이 좋습니다.

'계속적 용법'은 관계대명사 앞에 콤마(,)가 있는 경우를 말합니다. 관계대명사 앞에 콤마(,)가 나오면 **앞에서 뒤로 해석하면** 됩니다.

- **I bought a car, which is nice.** 나는 차 한 대를 샀다. 그런데 그 차가 좋다.

그동안 배워 온 해석 방식에 따르면 콤마(,)의 유무에 따라 앞에서부터 해석할 때가 있고, 뒤에서부터 해석할 때가 있다고 했습니다. 하지만 실제 영어는 앞에서 뒤로 직진하면서 이해하면 되고, 해석에서 콤마(,)의 느낌을 살려 주기만 하면 됩니다. 원어민들은 아래 문장들을 어떻게 이해하는지 보겠습니다.

- **I bought a car, which is nice.** 나는 차 한 대를 샀다. 그런데 그 차가 좋다.
  → 문장 가운데에 쉼표(,)가 있으면 말을 잠깐 쉬는 것입니다. 이 말은 뒤에 오는 내용이 앞의 내용보다 덜 중요하다는 것입니다. I bought a car(더 중요) > which is nice(덜 중요)

- **I bought a car which is nice.** 나는 차 한 대를 샀다 (그런데) 그 차가 좋다.
  → 이 문장에서는 쉼표가 없으니 I bought a car와 which is nice를 동등하게 중요하게 봅니다.

- **I have a friend, whose father is a superstar.**
  나는 한 친구가 있는데, 그의 아빠는 슈퍼스타다.

- **I have a friend whose father is a superstar.**
  나는 한 친구가 있고, 그의 아빠는 슈퍼스타다.
  → 쉼표가 있으면 내가 한 친구를 가지고 있는 것이 중요하다는 것입니다. 그의 아빠가 어떤 사람인지는 단지 부연 설명일 뿐입니다. 반면에 쉼표가 없으면 나에게 친구가 있는 사실만큼 내 친구의 아빠가 슈퍼스타인 것도 중요하다는 말입니다.

관계대명사 앞의 콤마(,)의 여부에 따라
앞뒤 내용의 중요도가 달라진다.

1 빨간 머리카락을 가진 그 소녀는 매우 예쁘다. (have)

_____

2 내가 만났던 그 여자는 예쁘다. (meet)

_____

3 빨간 머리카락의 그 소녀는 매우 예쁘다. (be, pretty)

_____

4 내가 화장실을 청소하기 위해 사용할 수 있는 뭔가를 줄래? (something, clean)

_____

5 이것은 나를 울게 한 유일한 책이다. (make)

_____

6 우리가 먹을 수 있는 뭔가가 있나요? (there, eat)

_____

7 이것은 내가 사고 싶어 하는 것과 똑같은 자동차이다. (want)

_____

ANSWERS ···

1. The girl that/who has red hair is very pretty. | 2. The girl that/whom/who I met is very pretty. | 3. The girl whose hair is red is very pretty. | 4. Can you give me something that I can use to clean the bathroom? | 5. This is the only book that has made me cry. | 6. Is there anything that we can eat? | 7. This is the same car that I want to buy.

8   당신은 내가 만나고 싶은 첫 번째 사람입니다. (want)

_____

9   공원에서 달리고 있는 저 소년과 개를 봐. (run)

_____

10   나는 차 한 대를 샀다 그런데 그 차가 좋다. (buy, nice)

_____

11   이 사람은 내가 얘기하고 싶은 남자이다. (want, talk)

_____

12   나는 한 친구가 있는데, 그의 아빠는 슈퍼스타다. (한 친구가 있다는 것이 중요) (have)

_____

ANSWERS ··

8. You are the first person that I want to meet. ┃ 9. Look at the boy and the dog that are running in the park. ┃ 10. I bought a car, which is nice. ┃ 11. This is the man with whom I want to talk. / This is the man whom I want to talk with. ┃ 12. I have a friend, whose father is a superstar.

UNIT 19 접속사 that
관계대명사같이 생겼지만 기능이 다르다

① '주어+명사'의 신호탄

관계대명사 that과 모양은 같지만 기능은 좀 다른 **접속사 that**을 살펴보겠습니다. 접속사 that은 단순히 뒤에 '주어+동사'를 붙여서 사용됩니다. 여기에서 that은 아무 의미도 없고 단지 그 뒤에 '주어+동사'가 나온다는 신호를 주는 역할을 합니다.

- the fact **that she is married** 그녀가 결혼했다는 사실

이 표현에서 that은 the fact 뒤에 부연 설명을 할 '주어+동사'가 나온다는 신호를 줄 뿐, 의미는 전혀 없습니다. that이 관계대명사가 되려면 the fact가 that 자리에 들어가도 말이 되어야 하는데, 여기에서는 말이 안 됩니다.

관계대명사 that과 접속사 that은 둘 다 '주어+동사'가 나오기 전에 신호탄처럼 쓸 수 있는데, 앞에 나온 말을 반복하는 데에 사용된 것인지 그렇지 않은지에 따라 관계대명사인이 접속사인지 구분됩니다. 접속사 that의 예문들을 살펴보겠습니다.

- I know the fact **that** she is married. 나는 그녀가 결혼한 상태라는 그 사실을 안다.
                      S   V

- I like **that** you have a good grade. 나는 네가 좋은 성적을 받았다는 것을 좋아해.
              S   V

220

- **That** you have a good grade is good news to me.

  네가 좋은 성적을 받았다는 것은 나에게 좋은 소식이야.

- She said **that** she would be there by 5 PM.

  그녀는 오후 5시까지 그곳에 도착할 것이라고 말했다.

- He believes **that** the earth is flat. 그는 지구가 평평하다고 믿는다.

- He suggested **that** we go to the beach for the weekend.

  그는 주말에 해변에 가자고 제안했다.

- He realized **that** he had left his keys at home.

  그는 열쇠를 집에 두고 온 것을 깨달았다.

접속사의 개념을 알면 'so ~ that…(아주 ~해서 …하다)' 구문을 이해하기 쉽습니다. that절을 이용해서 듣는 사람의 궁금함을 풀어 주는 개념입니다.

- The game is so popular. 그 게임은 아주 인기 있어.
  - → 이렇게 말하면 듣는 사람은 '그 게임이 아주 인기 있어서 어쨌다는 거야?' 하고 의문을 가질 수 있습니다. 그래서 뒤에 that절을 넣어 부연 설명을 해 줄 수 있습니다.

- The game is **so** popular **that** everybody wants to play it.

  그 게임은 아주 인기 있어서 모두가 하고 싶어 한다.

- I was so sad. 나는 아주 슬펐다.
- I was **so** sad **that** I cried all night. 나는 아주 슬퍼서 밤새 울었다.

우리는 또 다른 용법 'so that'을 '~하기 위하여'라는 해석으로 배워 왔습니다. 그런데 꼭 그렇게 해석해야만 할까요? 영어권에서는 어떻게 볼까요?

- I study hard **so that** I can go to Harvard University.

  나는 하버드 대학에 갈 수 있기 위해서 열심히 공부한다.

  - → 위의 한국식 해석은 꽤 괜찮아 보입니다. 그런데 이렇게 해석하면 so의 뜻이 어디론가 사라져 버립니다. 이 단어가 필요 없다면 문장에 나올 리가 없으므로, 영어식으로 해석을 해 줘야

합니다. so의 의미(그래서)를 살리고, that은 의미가 없는 것으로 단순하게 봐야 합니다. 즉, "나는 열심히 공부한다 그래서 하버드 대학에 갈 수 있다."가 됩니다.

- **I have a lot of money so that I can buy the yacht.**

  나는 요트를 살 수 있기 위해 많은 돈을 가지고 있다.

  → 이렇게 한국식으로만 해석하면 매우 어색합니다. 영어식으로 해석하면 훨씬 자연스럽습니다. "나는 많은 돈을 가지고 있다 <u>그래서</u> 내가 그 요트를 살 수 있다."

- **You should put on a jacket so that you don't catch a cold.**

  너는 감기에 걸리지 않기 위해서 재킷을 입어야만 한다.

  → 이 한국식 해석은 괜찮아 보이기는 하지만, 영어식으로 해석하면 의미가 더 명확합니다. "너는 재킷을 입어야만 한다 <u>그래서</u> 너는 감기에 걸리지 않는다."

- **My parents work day and night so that they can support me to study.**

  나의 부모님은 내가 공부하는 것을 지원할 수 있기 위해서 밤낮으로 일하신다.

  → 한국식 해석도 괜찮지만, 영어식으로 해석하면 의미가 더 명확합니다. "나의 부모님은 밤낮으로 일하신다 <u>그래서</u> 그들은 내가 공부하는 것을 지원하실 수 있다."

- **I need to wake up early so that I can finish my report at work.**

  나는 회사에서 보고서를 끝낼 수 있도록 일찍 일어나야 한다.

  → 이 또한 영어식으로 해석하면 의미가 명확합니다. "나는 일찍 일어나야 한다 <u>그래서</u> 나는 회사에서 보고서를 끝낼 수 있다."

'so that'을 학습할 때 뜻과 용법을 무작정 외우기보다는 앞부터 차근차근 영어식으로 해석하면 의미가 보다 명확해지고, 혼동을 피할 수 있습니다.

> **'접속사 that'은 문장 안에서 아무 의미가 없고,**
> **'주어+동사'를 연결하는 신호탄의 역할만을 한다.**

관계부사

3W(When, Where, Why)와 1H(How)

UNIT 20

1 관계부사의 종류와 쓰임

'**관계부사**'는 한 문장에서 앞에 나온 명사를 다시 언급할 때, 조사 '~가', '~의', '~를'이 아니라 '~에', '~로 인해서'와 같은 조사가 붙는 말입니다. 종류는 보통 네 가지로 봅니다. **이유를 나타내는 why, 시간을 나타내는 when, 장소를 나타내는 where, 방법을 나타내는 how**가 있습니다. 관계부사를 사용함으로써 복잡한 문장이 얼마나 간결해질 수 있는지 한 번 알아보겠습니다.

① **why**

- I know **the reason for which** she is happy.

  나는 그 이유를 안다 (그런데) 그 이유로 인해 그녀는 행복하다.

  → 이 문장은 일상생활에서 거의 사용하지 않습니다. 상당히 공식적인 느낌이 나고, 학문적인 분야에서 쓰일 수 있습니다.

- I know **the reason why** she is happy. 나는 왜 그녀가 행복한지 그 이유를 안다.

  → 위 문장보다는 간편하지만, the reason과 why는 중복되는 느낌이 있습니다.

- I know **why** she is happy. 나는 왜 그녀가 행복한지 안다.

  → 중복되는 것을 생략하고 간결하게 표현했습니다.

② when

- Summer is **the season in which** people have lots of outdoor activities.

  여름은 그 계절이다 (그런데) 그 계절 (안)에서 사람들은 많은 야외 활동들을 한다.

  → 이 문장은 한눈에 보기에도 복잡해 보여서 거의 사용하지 않습니다.

- Summer is **the season when** people have lots of outdoor activities.

  여름은 그 계절이다 (그런데) 그 때에 사람들은 많은 야외 활동들을 한다.

  → the season과 when의 의미가 서로 중복됩니다.

- Summer is **when** people have lots of outdoor activities.

  여름은 사람들이 많은 야외 활동들을 하는 때이다.

  → 중복되는 말을 하나 생략합니다. 언어는 간결하게 표현하는 방향으로 발전합니다.

③ where

- Los Angeles is **the city in which** I met my wife.

  로스앤젤레스는 그 도시이다 (그런데) 그 도시 (안)에서 나는 아내를 만났다.

  → 이 문장은 요즘 거의 사용하지 않는 형태입니다. 아래처럼 더 간단하게 만들 수 있습니다.

- Los Angeles is **the city where** I met my wife.

  로스앤젤레스는 그 도시이다 (그런데) 거기에서 나는 아내를 만났다.

  → 괜찮은 표현이지만, 아래처럼 더 간단히 쓸 수 있습니다.

- Los Angeles is **where** I met my wife.

  로스앤젤레스는 내가 아내를 만났던 곳이다.

  → 심플하면서 메시지가 명확합니다.

④ how

- This is **the way in which** I learned English.

  이것은 그 방법이다 (그런데) 그 방법 안에서 나는 영어를 배웠다.

  → 이 문장은 요즘 거의 사용하지 않는 형태입니다.

- This is **the way how** I learned English. (×)

이것은 어떻게 내가 영어를 배웠는지 그 방법이다.

→ 어색한 해석에서도 알 수 있듯이, 원어민들은 'the way how'라는 표현을 하지 않고 둘 중에 하나만을 사용합니다.

- This is **the way** I learned English.
  = This is **how** I learned English.

이것은 내가 영어를 배웠던 방법이다.

> '관계부사'는 앞에서 나온 단어를 다시 언급할 때 사용한다.
> Why, When, Where, How가 있다.

what
과연 관계대명사일까?

1 what의 실제 의미

보통 what을 '선행사를 포함한 관계대명사'라고 배워 왔습니다. 즉, **'the thing that=what'**, **'the thing which=what'**으로 말입니다.

하지만, what은 관계대명사와 상관없는 것으로 보는 편이 편합니다. (관계대명사는 Unit 17에서 배운 손가락 5개만 생각하세요.) what은 해석만 잘하면 되는데, 문장에서 **'무엇'**, **'것'**이라는 두 개의 의미로만 해석됩니다.

- This is **what** I want. 이것은 내가 원하는 것이다.

- Please tell me **what** you want to buy.
  네가 사고 싶은 것을 나에게 말해 줘. / 네가 무엇을 사고 싶은지 나에게 말해 줘.

- I don't know **what** his name is. 나는 그의 이름이 무엇인지 모른다.

- **What** made you think so? 무엇이 너를 그렇게 생각하게 만들었니?

- That is **what** I am thinking. 저것은 내가 생각하고 있는 것이다.

- Can you tell me **what** happened yesterday?
  너는 어젯밤에 무슨 일(무엇)이 발생했는지 나에게 말해 줄 수 있니?

- I forgot **what** I was going to say.
  나는 내가 말하려고 하던 것을 잊어버렸다.

- Can you explain **what** you mean in more detail?
  너는 네가 의미하는 것을 좀 더 자세히 설명할 수 있니?

- **What**'s the best way to get to the airport from here?

  여기에서 공항까지 가는 데 최고의 방법은 무엇이니?

---

what은 '무엇', '것'으로 해석한다.

---

1 네가 좋은 성적을 받았다는 것은 나에게 좋은 소식이야. (have, grade, news)

_____

2 그녀는 오후 5시까지 그곳에 도착할 것이라고 말했다. (would be)

_____

3 그는 지구가 평평하다고 믿는다. (flat)

_____

4 그는 주말에 해변에 가자고 제안했다. (suggest, beach)

_____

5 그는 열쇠를 집에 두고 온 것을 깨달았다. (realize, leave)

_____

6 그 게임은 아주 인기 있어서 모두가 하고 싶어 한다. (popular, everybody)

_____

7 나는 아주 슬퍼서 밤새 울었다. (all night)

_____

8 나는 하버드 대학에 갈 수 있기 위해서 열심히 공부한다. (study, go)

_____

ANSWERS

1. That you have a good grade is good news to me. | 2. She said that she would be there by 5 PM. | 3. He believes that the earth is flat. | 4. He suggested that we go to the beach for the weekend. | 5. He realized that he had left his keys at home. | 6. The game is so popular that everybody wants to play it. | 7. I was so sad that I cried all night. | 8. I study hard so that I can go to Harvard University.

9 나는 요트를 살 수 있기 위해 많은 돈을 가지고 있다. (have, yacht)

_____

10 너는 감기에 걸리지 않기 위해서 재킷을 입어야만 한다. (put on, catch)

_____

11 나의 부모님은 내가 공부하는 것을 지원할 수 있기 위해서 밤낮으로 일하신다.
(work, support)

_____

12 나는 회사에서 보고서를 끝낼 수 있도록 일찍 일어나야 한다.
(need to, report)

_____

13 나는 왜 그녀가 행복한지 안다. (know)

_____

14 여름은 사람들이 많은 야외 활동을 하는 때이다. (have)

_____

15 로스앤젤레스는 내가 아내를 만났던 곳이다. (meet, wife)

_____

16 이것이 내가 영어를 배웠던 방법이다. (learn)

_____

ANSWERS ....

9. I have a lot of money so that I can buy the yacht. | 10. You should put on a jacket so that you don't catch a cold. | 11. My parents work day and night so that they can support me to study. | 12. I need to wake up early so that I can finish my report at work. | 13. I know why she is happy. | 14. Summer is when people have lots of outdoor activities. | 15. Los Angeles is where I met my wife. | 16. This is the way I learned English. / This is how I learned English.

17 이것은 내가 원하는 것이다. (want)

_____

18 네가 사고 싶은 것을 나에게 말해 줘. (tell, buy)

_____

19 나는 그의 이름이 무엇인지 모른다. (know)

_____

20 무엇이 너를 그렇게 생각하게 만들었니? (make)

_____

21 저것은 내가 생각하고 있는 것이다. (think)

_____

22 너는 어젯밤에 무슨 일(무엇)이 발생했는지 나에게 말해줄 수 있니? (tell, happen)

_____

23 나는 내가 말하려고 하던 것을 잊어버렸다. (forget, say)

_____

24 너는 네가 의미하는 것을 좀 더 자세히 설명할 수 있니? (explain, mean)

_____

25 여기에서 공항까지 가는 데 최고의 방법은 무엇이니? (way, get, airport)

_____

ANSWERS ···

17. This is what I want. | 18. Please tell me what you want to buy. | 19. I don't know what his name is. | 20. What made you think so? | 21. That is what I am thinking. | 22. Can you tell me what happened yesterday? | 23. I forgot what I was going to say. | 24. Can you explain what you mean in more detail? | 25. What's the best way to get to the airport from here?

사물을 묘사하는 방법
원어민식 사고로 어순 익히기

1 우리말과 영어의 시각 차이

우리말과 영어는 사물을 보는 시각이 조금 다릅니다. 우리는 큰 범위에서 점점 작은 범위로 보는 데 반해, 영어는 작은 범위에서 점점 큰 범위로 봅니다. 주소를 쓸 때를 예를 들어 보면, 우리는 가장 큰 범위인 대한민국에서 시작해서 시/도 다음에 구, 동, 도로, 번지, 사람 순으로 쓰지만, 영어는 그 반대입니다.

> **우리말** 대한민국 서울시 양재동 강남대로 145번지, 홍길동
> **영어** Jason Lee 1156 Sunset Blvd. Los Angeles, California, USA

마찬가지로 사물을 묘사할 때에도 이런 접근법을 취합니다.

■ 테이블 위에 있는 내 휴대폰

먼저 휴대폰을 봅니다. 더 범위를 확장하면 테이블이 보입니다. 휴대폰이 테이블과 접촉해 있으므로 **접촉을 나타내는 전치사 on**을 사용합니다.

• My cell phone **on** the table 명사(전치사+명사)
→ Did you see my cell phone **on** the table?
  너는 테이블에 있는 내 휴대폰을 봤니?

■ **거리에 있는 많은 사람들**

먼저 사람들에 초점을 맞추고 더 범위를 확장하면 거리가 보입니다. 사람들이 거리에 접촉해 있으므로 **접촉을 나타내는 전치사 on**을 사용합니다.

- Many people **on** the street 명사(전치사+명사)
  → There are many people **on** the street. 거리에 많은 사람들이 있다.

■ **가방을 든 한 여자**

먼저 여자에게 초점을 맞추고 범위를 확장하면 가방이 보입니다. 그 여자가 가방과 **함께 있으므로 전치사 with**를 사용합니다.

- A woman **with** a bag 명사(전치사+명사)
  → There is a woman **with** a bag **on** the street.
  거리에 가방을 든 한 여자가 있다.

■ **냉장고에 있는 먹다 남은 피자**

먼저 먹다 남은 피자에 초점을 맞추고 범위를 확장하면 냉장고가 보입니다. 그 피자는 냉장고 **안에 있으므로 전치사 in**을 사용합니다.

- Leftover pizza **in** the refrigerator 명사(전치사+명사)
  → I have leftover pizza **in** the refrigerator.
  나는 냉장고에 먹다 남은 피자를 가지고 있어.

■ **청바지를 입고 있는 그 남자**

먼저 남자를 봅니다. 범위를 확장하면 몸 밖에 있는 청바지가 보입니다. 반대로 말하면 몸이 청바지 **안에 있는 것**이므로 전치사 in을 씁니다.

- The man **in** blue jeans 명사(전치사+명사)
  → The man **in** blue jeans is my brother.

  청바지를 입고 있는 그 남자는 나의 형이다.

■ **거리에 주차된 자동차들**

먼저 자동차에 초점을 맞추었다가 범위를 확장하면 자동차들의 바퀴가 보이고 주차된 것을 볼 수 있습니다. 더 범위를 넓히면 거리가 보입니다.

- Cars parked **on** the street 명사(p.p) (전치사+명사)
  → Look at the cars parked **on** the street.

  거리에 주차된 자동차들을 봐.

■ **당신에 의해서 서명되어진 서류**

먼저 서류에 초점을 맞춥니다. 그리고 좀 더 넓힙니다. 펜 끝에서 사인되어져 있는 글씨가 보입니다. 더 범위를 넓히면 당신이 보입니다.

- The document signed **by** you 명사(p.p.) (전치사+명사)
  → Here is the document signed **by** you.

  여기에 당신에 의해서 서명되어진 서류가 있습니다.

■ 트럭으로부터 박스들을 내리고 있는 그 남자들

 먼저 남자들에게 초점을 맞춥니다. 그리고 좀 더 범위를 넓히면 박스들을 내리고 있는 행동이 보입니다. 더 범위를 넓히면 트럭이 보입니다.

- The men unloading boxes **from** the truck 명사(ing) (전치사+명사)
  → They are watching the men unloading boxes **from** the truck.

  그들은 트럭으로부터 박스들을 내리고 있는 그 남자들을 보고 있다.

■ 버스 안에서 나와 데이트하고 있는 그 소녀

 먼저 한 소녀에게 초점을 맞춥니다. 그리고 좀 더 범위를 넓히면 데이트하는 행동이 보이고, 더 넓히면 내가 보입니다. 더 범위를 넓히면 버스가 보입니다.

- The girl dating **with** me **in** the bus 명사(ing) (전치사+명사) (전치사+명사)
  → The girl dating **with** me **in** the bus is from Canada.

  버스에서 나와 데이트하고 있는 그 소녀는 캐나다 출신이다.

■ 방 안에서 그 사람에게 얘기하고 있는 안경 쓴 남자

 먼저 왼쪽 남자의 이마에 있던 초점을 확장하면 안경 쓴 모습이 보입니다. 더 확장하면 말하고 있는 입이 보입니다. 조금 더 확장합니다. 오른쪽에 있는 사람이 보입니다. 더 범위를 넓히면 방이 보입니다.

- A man **with** glasses talking **to** the person **in** the room
  명사(전치사+명사) (ing) (전치사+명사) (전치사+명사)

  → There is a man **with** glasses talking **to** the person **in** the
  room. 방 안에서 그 사람에게 얘기하고 있는 안경 쓴 한 남자가 있다.

■ 지하철에서 내 앞에 앉아 있는 소녀들

소녀가 두 명이지만 편의상 한 소녀의 머리에 초점을 먼저 맞춥니다. 그리고 초점을 확장하면 앉아 있는 모습이 보입니다. 더 확장하면 건너편의 지하철 의자가 보이고, 조금 더 범위를 넓히면 지하철이 보입니다.

• The girls sitting **in front of** me **in** the subway

명사(ing) (전치사＋명사) (전치사＋명사)

→ The girls sitting **in front of** me **in** the subway are looking out the window.

지하철에서 내 앞에 앉아 있는 소녀들이 창밖을 보고 있다.

■ 돌에 의해서 금이 간 앞 유리창

먼저 초점을 앞 유리창에 맞춥니다. 창문이 무슨 색인지, 얼마나 큰지, 깨끗한지 아닌지 모릅니다. 그런데 범위를 확장하면 금이 간 상태가 보입니다. 더 확장해 나갑니다. 밖에서 날아온 돌이 보입니다.

• A windshield cracked **by** a stone 명사(p.p.) (전치사＋명사)

→ I have a windshield cracked **by** a stone.

나는 돌에 의해서 금이 간 앞 유리창을 가지고 있다.

■ 토네이도에 의해 강타당한 집들

먼저 초점을 집에 맞춥니다. 이 초점의 범위를 확장해 나가면 집의 창문이 깨어지고, 벽에 금이 간 상태가 보입니다. 더 크게 보면 토네이도가 보입니다.

• Houses hit **by** tornado 명사(p.p.) (전치사＋명사)

→ We have houses hit **by** tornado.

우리는 토네이도에 의해 강타당한 집들을 가지고 있다.

■ 찰스에 의해서 주최된 파티

먼저 초점을 파티에 맞춥니다. 그런데 파티는 눈으로 볼 수 없기에 상상력이 필요합니다. 허공에 작은 점이 있습니다. 그 점이 바로 파티입니다. 그런데 갑자기 펑 하고 그 점이 터집니다. 그러면 그 파티가 주최된 상태

가 보입니다. 테이블에 음식이 보이고, 옆을 보면 주최자가 보입니다.

- The party hosted **by** Charles 명사(p.p.) (전치사+명사)
  → I was invited to the party hosted **by** Charles.
    나는 찰스에 의해서 주최된 파티에 초대받았다.

■ 부산행 7시 30분 기차

먼저 초점을 기차에 맞춥니다. 상상력을 이용해서 범위를 확장해 봅니다. 묶인 상태가 보입니다. '묶여 있다'는 말은 '~하게 되어 있는' 그래서 '~로 간다'는 의미입니다. 더 확장합니다. 부산이 보입니다. 더 확장하여 하늘

이 보이고 시간을 알 수 있습니다.

- The train bound **for** Busan **at** 7:30 명사(p.p.) (전치사+명사) (전치사+명사)
  → There is the train bound **for** Busan **at** 7:30.
    부산행 7시 30분 기차가 있다.

■ **바닥에 앉아 있는 한 소녀+그녀 옆에 앉아 있는 다른 소녀**

먼저 초점을 왼쪽 소녀에게 맞춥니다. 범위를 확장하면 두 소녀가 앉아 있는 상태가 보이고 더 확장하면 땅이 보입니다.

- A girl sitting **on** the ground 명사(ing) (전치사+명사)
    + The other girl sitting **next to** her 명사(ing) (전치사+명사)
    → A girl sitting **on** the ground is talking to the other girl sitting **next to** her.

    바닥에 앉아 있는 한 소녀가 옆에 앉아 있는 다른 소녀에게 얘기하고 있다.

■ **태평양의 수평선에 지고 있는 태양**

먼저 초점을 태양에 맞춥니다. 범위를 확장하면 태양이 지고 있는 상태가 보이고 더 확장하면 수평선이 보입니다. 좀 더 확장하면 태평양 바다가 보입니다.

- The sun going down **on** horizon **at** the Pacific ocean
    명사(ing) (전치사+명사) (전치사+명사)
    → I have seen the sun going down **on** horizon **at** the Pacific ocean.

    나는 태평양의 수평선에 지고 있는 태양을 본 적 있다.

■ 교실에서 학생들에게 뭔가를 설명하고 있는 선생님

먼저 초점을 선생님의 얼굴에 둡니다. 초점을 확장하면 설명하고 있는 선생님의 입 모양이 보입니다. 더 확장하면 아이들이 보이고, 더 확장하면 교실이 보입니다.

• The teacher explaining something **to** the students **in** the classroom 명사(ing) (전치사+명사) (전치사+명사)
→ The teacher explaining something **to** the students **in** the classroom is Ms. Kim.

교실에서 학생들에게 뭔가를 설명하고 있는 선생님은 김 선생님이다.

■ 아침에 공원에서 그의 옆에 앉아 있는 개에게 음식을 주는 남자

먼저 남자의 몸에 초점을 둡니다. 좀 더 확장을 하면 팔이 보여 주는 동작이 보이고 좀 더 범위를 확장하면 손끝에 있는 음식이 보입니다. 좀 더 확장하면 개가 보입니다. 이제부터 다시 개의 몸에 초점을 둡니다. 범위를 넓혀 가면 앉아 있는 모습이 보이고 남자가 보이고 이제는 공원이 보입니다. 아주 범위를 넓혀 보면 전체적인 배경이 보여 시간을 알 수 있습니다.

• A man giving food **to** his dog sitting **next to** him **in** the park **in** the morning 명사(ing) (전치사+명사) (ing) (전치사+명사) (전치사+명사) (전치사+명사)
→ There is a man giving food **to** his dog sitting **next to** him **in** the park **in** the morning.

아침에 공원에서 그의 옆에 앉아 있는 개에게 음식을 주는 남자가 있다.

■ 요가 수업 후에 서로에게 얘기하고 있는 커플

먼저 한 사람의 몸에 초점을 둡니다. 범위를 확장하면 말하는 상태가 보이고 더 확장하면 다른 사람이 보입니다. 더 확장하면 땀을 닦으며 물을 마시는 모습이 보여 요가 수업이 끝난 것을 알 수 있습니다.

- A couple talking **to** each other **after** yoga class
  명사(ing) (전치사＋명사) (전치사＋명사)
  → There is a couple talking **to** each other **after** yoga class.
  요가 수업 후에 서로에게 얘기하고 있는 커플이 있다.

■ 슈퍼마켓에서 쇼핑 카트를 가지고 마스크를 쓰고 있는 한 가족

먼저 가족 중 한 사람의 몸에 초점을 둡니다. 범위를 확장하면 마스크를 쓴 상태가 보이고 더 확장하면 쇼핑 카트가 보입니다. 더 확장하면 장소인 슈퍼마켓이 보입니다.

- A family **with** masks **with** the shopping cart **at** the
  supermarket 명사(전치사＋명사) (전치사＋명사) (전치사＋명사)
  → There is a family **with** masks **with** the shopping cart **at** the supermarket.
  슈퍼마켓에서 쇼핑 카트를 가지고 마스크를 쓰고 있는 한 가족이 있다.

■ 눈 위에 서 있는 빨간 재킷을 입은 그 남자

먼저 남자의 얼굴에 초점을 둡니다. 범위를 확장하면 옷이 보입니다. 더 확장하면 서 있는 모습이 보입니다. 더 확장하면 눈 배경이 보입니다. 서 있는 남자는 눈에 접촉하고 있으므로 on을 씁니다.

• The man **in** a red jacket standing **on** snow
  명사(전치사+명사) (ing) (전치사+명사)

  → The man **in** a red jacket standing **on** snow is Tom.
  눈 위에 서 있는 빨간 재킷을 입은 그 남자는 톰이다.

■ 한 남자 앞의 의자에 앉아 있는 한 여자

먼저 여자의 얼굴에 초점을 둡니다. 범위를 확장하면 앉아 있는 상태가 보입니다. 앉아 있는 몸 밖에는 의자가 보입니다. 더 확장하면 한 남자가 보입니다.

• A lady sitting **in** a chair **in front of** a man
  명사(ing) (전치사+명사) (전치사+명사)

  → There is a lady sitting **in** a chair **in front of** a man.
  한 남자 앞의 의자에 앉아 있는 한 여자가 있다.

■ 사무실에서 펜을 잡으면서 서로에게 얘기하고 있는 두 여자

먼저 한 여자의 얼굴에 초점을 둡니다. 범위를 확장하면 말하는 상태가 보입니다. 좀 더 확장하면 상대방이 보입니다. while(~하면서)은 뒤에 '주어+동사'가 필요하지만, 여기에서는 간편한 표현을 위해 생략했습니다.

• Two women talking **to** each other while (they are) holding pens **in** the office 명사(ing) (전치사+명사) while (전치사+명사)

  → There are two women talking **to** each other while holding pens **in** the office. 사무실에서 펜을 잡으면서 서로에게 얘기하고 있는 두 여자가 있다.

■ **책 하나를 옆에 두고 침대에서 자는 한 여자**

먼저 여자의 얼굴에 초점을 둡니다. 범위를 확장하면 자고 있는 상태가 보입니다. 좀 더 확장하면 침대가 보이고 더 넓게 보면 책 하나가 보입니다.

• A woman sleeping **on** a bed **beside** a book
  명사(ing) (전치사+명사) (전치사+명사)
  → There is a woman sleeping **on** a bed **beside** a book.
  책 하나를 옆에 두고 침대에서 자는 한 여자가 있다.

■ **갈색 가죽 소파에 누워 있는 푸른색 스웨터와 청바지를 입은 한 남자**

먼저 남자의 얼굴에 초점을 둡니다. 범위를 확장하면 스웨터와 청바지가 보이고, 누워 있는 모습이 보입니다. 더 확장하면 소파가 보입니다.

• A man **in** a blue sweater and blue denim jeans lying **on** a brown leather couch 명사(전치사+명사) (ing) (전치사+명사)
  → There is a man **in** black jacket and blue denim jeans lying **on** a brown leather couch.
  갈색 가죽 소파에 누워 있는 푸른색 스웨터와 청바지를 입은 한 남자가 있다.

■ **손 안에 작은 악어를 들고 있는 한 소녀**

먼저 소녀의 얼굴에 초점을 둡니다. 범위를 확장하면 뭔가를 들고 있는 모습이 보이고, 좀 더 확장하면 악어가 보이고, 더 확장하면 손이 보입니다.

• A girl holding a small alligator **in** her hands 명사(ing) (전치사+명사)
  → There is a girl holding a small alligator **in** her hands.
  손 안에 작은 악어를 들고 있는 한 소녀가 있다.

- **초록색 셔츠를 입고 높은 의자에 앉아 기타를 치고 있는 한 여인**

먼저 여자의 얼굴에 초점을 맞추고, 범위를 확장하면 초록색 셔츠를 입은 모습이 보입니다. 다시 얼굴에 초점을 맞추고 범위를 확장하면 기타를 연주하는 손이 보입니다. 가장 범위를 확장하면 높은 의자가 보입니다.

- A woman dressed **in** a green shirt and playing the guitar **on** a high chair 명사(p.p.) (전치사+명사) and (ing) (전치사+명사)
  → There is a woman dressed **in** a green shirt and playing the guitar **on** a high chair.
    초록색 셔츠를 입고 높은 의자에 앉아 기타를 치고 있는 한 여인이 있다.

- **하얀 테이블에 앉아서 얘기하고 있는 한 남자와 한 여자**

먼저 두 사람 중 한 사람을 선택합니다. 여기에서는 남자를 선택하겠습니다. 남자의 얼굴에 초점을 맞추고 범위를 확장하면 앉아서 얘기하고 있는 모습이 보입니다. 더 확장하면 테이블, 그리고 여자가 보입니다.

- A man and a woman sitting and talking **at** a white table
    명사(ing) (전치사+명사)
  → There are a man and a woman sitting and talking **at** a white table.
    하얀 테이블에 앉아서 얘기하고 있는 한 남자와 한 여자가 있다.

■ 발코니에서 의자에 앉아 창밖을 바라보고 있는 한 여인

먼저 여자의 얼굴에 초점을 맞춥니다. 범위를 확장하면 앉아 있는 모습, 더 확장하면 의자가 보입니다. 다시 여자의 얼굴에 초점을 맞추고 범위를 확장하면 어딘가를 보고 있는 모습이 보입니다. 더 확장하면 창문, 가장 많이 확장하면 발코니가 보입니다.

- A woman sitting **in** a chair and looking **out** the window **in** a balcony 명사(ing) (전치사+명사) and (ing) (전치사+명사) (전치사+명사)
  → There is a woman sitting **in** a chair and looking **out** the window **in** a balcony.

  발코니에서 의자에 앉아 창밖을 바라보고 있는 한 여인이 있다.

■ 테이블에서 다른 사람의 손을 잡고 있는 한 사람

먼저 남자의 얼굴에 초점을 맞추고 좀 더 확장하면 뭔가를 잡고 있는 팔이 보입니다. 더 확장하면 다른 사람의 손이 보이고 더 확장하면 여자가 보입니다. 가장 확장하면 테이블이 보입니다.

- A person holding the hand **of** another person **at** a table
  명사(ing) (전치사+명사) (전치사+명사)
  → There is a person holding the hand **of** another person **at** a table.

  테이블에서 다른 사람의 손을 잡고 있는 한 사람이 있다.

■ **체육관에서 밧줄을 잡고 있는 한 남자**

 먼저 남자의 얼굴에 초점을 맞추고 범위를 확장하면 뭔가를 들고 있는 팔이 보입니다. 더 확장을 하면 밧줄이 보이고 가장 넓게 보면 체육관이 보입니다.

- A man holding a rope **in** a gym 명사(ing) (전치사+명사)
  → There is a man holding a rope **in** a gym.

  체육관에서 밧줄을 잡고 있는 한 남자가 있다.

■ **노트북을 가지고 테이블에 앉아 있는 두 사람**

 둘 중 한 사람의 얼굴에 초점을 맞추고 범위를 확장해 나가면 앉아 있는 상태가 보이고, 테이블이 보이고 가장 확장해 보면 노트북이 보입니다.

- Two people sitting **at** a table **with** a laptop

  명사(ing) (전치사+명사) (전치사+명사)

  → There are two people sitting **at** a table **with** a laptop.

  노트북을 가지고 테이블에 앉아 있는 두 사람이 있다.

1 너는 테이블에 있는 내 휴대폰을 봤니? (cell phone, table)

_____

2 거리에 많은 사람들이 있다. (people, street)

_____

3 거리에 가방을 든 한 여자가 있다. (bag)

_____

4 나는 냉장고에 먹다 남은 피자를 가지고 있어. (leftover, refrigerator)

_____

5 청바지를 입고 있는 그 남자는 나의 형이다. (blue jeans, brother)

_____

6 거리에 주차된 자동차들을 봐. (parked)

_____

7 여기에 당신에 의해서 서명되어진 서류가 있습니다. (document, signed)

_____

ANSWERS

1. Did you see my cell phone on the table? | 2. There are many people on the street. | 3. There is a woman with a bag on the street. | 4. I have leftover pizza in the refrigerator. | 5. The man in blue jeans is my brother. | 6. Look at the cars parked on the street. | 7. Here is the document signed by you.

8 그들은 트럭으로부터 박스들을 내리고 있는 그 남자들을 보고 있다. (unloading)

_____

9 버스에서 나와 데이트하고 있는 그 소녀는 캐나다 출신이다. (Canada)

_____

10 방 안에서 그 사람에게 얘기하고 있는 안경 쓴 한 남자가 있다.

(glasses)

_____

11 지하철에서 내 앞에 앉아 있는 소녀들이 창밖을 보고 있다.

(in front of, looking out)

_____

12 나는 돌에 의해서 금이 간 앞 유리창을 가지고 있다. (windshield, cracked)

_____

13 우리는 토네이도에 의해 강타당한 집들을 가지고 있다. (hit, tornado)

_____

14 나는 찰스에 의해서 주최된 파티에 초대받았다. (invited, hosted)

_____

15 부산행 7시 30분 기차가 있다. (bound)

_____

ANSWERS ....

8. They are watching the men unloading boxes from the truck. | 9. The girl dating with me in the bus is from Canada. | 10. There is a man with glasses talking to the person in the room. | 11. The girls sitting in front of me in the subway are looking out the window. | 12. I have a windshield cracked by a stone. | 13. We have houses hit by tornado. | 14. I was invited to the party hosted by Charles. | 15. There is the train bound for Busan at 7:30.

⑯ 바닥에 앉아 있는 한 소녀가 옆에 앉아 있는 다른 소녀에게 얘기하고 있다.

(ground, next to)

_____

⑰ 나는 태평양의 수평선에 지고 있는 태양을 본 적 있다. (horizon, Pacific ocean)

_____

⑱ 교실에서 학생들에게 뭔가를 설명하고 있는 선생님은 김 선생님이다.

(explaining, classroom)

_____

⑲ 요가 수업 후에 서로에게 얘기하고 있는 커플이 있다. (couple, each other)

_____

⑳ 슈퍼마켓에서 쇼핑 카트를 가지고 마스크를 쓰고 있는 한 가족이 있다.

(family, supermarket)

_____

㉑ 눈 위에 서 있는 빨간 재킷을 입은 그 남자는 톰이다. (jacket, standing)

_____

㉒ 한 남자 앞의 의자에 앉아 있는 한 여자가 있다. (lady, chair)

_____

ANSWERS ···

16. A girl sitting on the ground is talking to the other girl sitting next to her. | 17. I have seen the sun going down on horizon at the Pacific ocean. | 18. The teacher explaining something to the students in the classroom is Mr. Kim. | 19. There is a couple talking to each other after yoga class. | 20. There is a family with masks with the shopping cart at the supermarket. | 21. The man in a red jacket standing on snow is Tom. | 22. There is a lady sitting in a chair in front of a man.

㉓ 사무실에서 펜을 잡으면서 서로에게 얘기하고 있는 두 여자가 있다.
(each other, while)

_____

㉔ 책 하나를 옆에 두고 침대에서 자는 한 여자가 있다. (beside)

_____

㉕ 손 안에 작은 악어를 들고 있는 한 여인이 있다. (holding, alligator)

_____

㉖ 초록색 셔츠를 입고 높은 의자에 앉아 기타를 치고 있는 한 여인이 있다.
(guitar, high chair)

_____

㉗ 하얀 테이블에 앉아서 얘기하고 있는 한 남자와 한 여자가 있다. (white table)

_____

㉘ 체육관에서 밧줄을 잡고 있는 한 남자가 있다. (rope, gym)

_____

㉙ 노트북을 가지고 테이블에 앉아 있는 두 사람이 있다. (sitting, laptop)

_____

ANSWERS ···

23. There are two women talking to each other while holding pens in the office. | 24. There is a woman sleeping on a bed beside a book. | 25. There is a woman holding a small alligator in her hands. | 26. There is a woman dressed in a green shirt and playing the guitar on a high chair. | 27. There are a man and a woman sitting and talking at a white table. | 28. There is a man holding a rope in a gym. | 29. There are two people sitting at a table with a laptop.